# 人性的迷雾

韩冰 著

北京联合出版公司
Beijing United Publishing Co.,Ltd.

**图书在版编目(CIP)数据**

人性的迷雾 / 韩冰著. -- 北京 : 北京联合出版公司, 2025. 4. -- ISBN 978-7-5596-8357-1

Ⅰ. D920.5

中国国家版本馆 CIP 数据核字第 20254R6A62 号

**人性的迷雾**

作　　者：韩　冰
出 品 人：赵红仕
责任编辑：徐　鹏

北京联合出版公司出版
（北京市西城区德外大街 83 号楼 9 层 100088）
嘉业印刷（天津）有限公司印刷　新华书店经销
字数 92 千字　880 毫米 ×1230 毫米　1/32　6.75 印张
2025 年 4 月第 1 版　2025 年 4 月第 1 次印刷
ISBN 978-7-5596-8357-1
定价：49.80 元

# 序　言

十二则“办案故事”，组成书篇幅不算长，但律师老韩以第一人称的叙事角度现身说法，当枯燥的法条同纷繁的普通人生活相碰撞时，法律变得具体、灵动、鲜活：时而显示出教科书教给我们的，因为法律，卑微者有了希望，无力者得以前行，但又不止于此，如书名“人性的迷雾”所示，我们也能看到人性的贪婪、愚蠢、狡诈，当事人山穷水尽，律师爱莫能助，这些碰撞所折射出的生活场景展示出法律的另一种厚重，甚至不免苍凉。尤其值得赞许的是，老韩在这里以不符合一般“网红”的写作方式来对待书的写作，他在后记里上来就说“这本书写得并不容易”。确实，这是一本认真写出来的书，不是格式化的以案说法，当然也不是他成功掌握流量密码之后的短视频文字实录，作为书的读者，我们也有理由认真对待韩冰在非虚构写作上的尝试以及努力。

作为本书推荐人，我有幸先睹为快，阅读过程中，我反复在做一种视角切换：尝试着把书稿里第一人称的“我”，转化成第三人称的“他”，他可以是坐在我面前的韩冰律师、网上的“律师老韩”，或者是任何一位为生活奔走的律师。韩律师在这出叙事长篇中不再只是单纯的叙述工具人，他生长出自己的故事和性格，在一个不断被联结而成的办案宇宙中，揭示出更加多样的理解法律及在法律体系中安置个人生活的方法。说到这里，我想到的是小时候从家里书架上偷看的《拍案惊奇》，大学时候通宵追剧时看的TVB刑侦律师剧，以及作为我现在研究一部分的改革开放新时期的公安法制文学。在迈出非虚构写作的第一步之后，读者有理由对韩律师提出更多的要求，毕竟，流量越大，责任越大。期待这十二则故事只是韩律师办案的第一季，他还会继续写下去。

——华东师范大学法学院副院长、教授、博士生导师

田雷

# 目录

# 骗与被骗

我们不该苛责受害人，因为我们都有可能成为受害人。诈骗能够一直存在，是因为它能准确利用人性弱点。不幸的是，我们每个人都有弱点。

高低不平的山头随意分布在澜沧江边的横断山脉上，眼下正值雨季，各种各样的亚热带植物尽情享受着来自上天的浇灌，恣意生长，给这些大大小小的山头披上了一层绿色。山脚下连片的农田里长满了甘蔗和火龙果，将要成熟的果实散发出翘盼收获的信号。这本该是一幅美好、和谐的田园风光画卷。

远远望去，密集的云杉和橡树林中似乎分布着建筑物。五幢由钢筋混凝土组成的七层建筑被近五米高的围墙包围着，稍显违和地坐落在山脚下。围墙上布满了疑似通电的铁丝网，仅留下南北两个出入口用以通行。可以看到，出入口处还布着荷枪实弹的岗哨。这里是缅甸北部，与中国的云南省接壤。

五幢大楼中的某一幢，三楼。

密密麻麻的格子间约有二百个，将这本就不算宽绰的办公面积塞满。每个工位上都放置着好几部手机，相对应的，是负责操作手机的人。盛夏八月，气温已经不太友好，几台行将报废的二手空调早已不堪重负，压缩机发出的疯狂咆哮似乎是这些机器渴望休息的呐喊。二百多人挤在鸽笼一样的格子间，又湿又闷的工作环境让很多人面露倦色，恨不得时间过得再快一些，尽快逃离这该死的工位，但王小猛除外，因为，他今天成单了。

王小猛紧盯屏幕疯狂地打字，看得出来，他很重视这单，生怕哪里没照顾到，让这条好不容易上钩的鱼儿跑掉。不知过了多久，王小猛终于放下了手机，瘫坐在靠椅上，望着斑驳的天花板发呆。

这是自己来到缅北的第五个月，五个月啊，就这么过去了。

五个月前，失业已久的王小猛还在广东老家，长时间的求职碰壁让他几乎对所有事都提不起兴趣，每天在家得过且过，有一顿是一顿。日子无聊且漫长，早把人磨得没了心气。如果不是发小找上门，这样的日子可能会一直持续下去。

发小告诉他，现在国内工作不好找，也许国外会有机会，朋友在缅北那边做生意，随随便便开个中餐馆每年都有大几十万的利润，问王小猛是否有兴趣一起去缅北发财，搞个中餐馆。发小的鼓动让王小猛动了心，与其每天在老家村子里躺着，不如把握机会出去闯一闯。

两人确定想法后，发小着手安排出国事宜。安顿好家里，收拾好行装，两人先是一起飞到昆明，再从昆明坐火车到临沧，最后包车来到边境的野山脚下。发小告诉王小猛，车只能坐到这里了，剩下的路，要靠双脚来走。翻过这几座山，就能到缅甸境内，到时会有人来接他们。

王小猛直到此时才隐约感觉到一丝不对劲，这应该是偷渡吧？咱们不是去缅甸开饭店做生意吗？为什么要偷渡，不能通过办签证的方式以正规途径入境吗？

发小没有过多解释，只是简短搪塞两句，办签证到不了缅北，想去就只能翻山，大家都是这么干的。虽然王小猛对发小的解释不太相信，对此行目的是去开中餐馆抱有怀疑，内心也隐约有了不好的预感，但事已至此，箭在弦上，赚钱的渴望战胜了理智，王小猛没再多说什么，只是提心吊胆地继续跟着发小走。

发小打完电话，很快就有两个人过来接上了哥儿俩。四人上路后，王小猛才明白过来，这两个人是专门带人翻山偷渡的蛇头，他们熟悉山路，也能联络上边境那边的缅甸本地人。云南边境的丛林，山路崎岖又复杂，如果没人带路，很难想象该怎么完成这场野外试炼。漫长的八九个小时山路，让王小猛感觉双腿已经不属于自己，只是凭着本能麻木迈动。又过了不知道多久，眼前突然出现一片铁栅栏，铁栅栏上早已被人破坏出一个恰好能供人通过的洞。两名蛇头停下脚步，盯着王小猛两人，确认哥儿俩全部从洞里钻到了对面，才按照原路向山下返回。

钻过洞的哥儿俩站起身后，发现早已有几名缅甸人在此等候。王小猛大概能明白，这是缅甸这边的蛇头。

“这就算出国了吗？”王小猛心里有股子说不出的感觉，苦笑着摇了摇头。

几名蛇头排成前后包围的队形，将哥儿俩圈在中间。

蛇头们一语不发，带着哥儿俩走出了山。

到缅甸境内的山脚下后，两人被一辆皮卡车送往了“园区”。看到园区门口持枪站岗的制服人员，王小猛心里有了更加不好的预感。进入园区后，发小没有跟王小猛关在一起，两人自此便失去了联系。

直至被没收手机、身份证的那一刻，王小猛才意识到：完了，这下是真的落入贼窝了。

以上内容是王小猛到案后的自述，听起来是不是还挺可信的？但是，如果我告诉你，在东南亚诈骗窝点工作过的这些人，归案后几乎都是同样的说辞，不是被骗就是被迫，话术雷同得像是被培训过一样，你又有什么感受？

这些供述是否真实、是否可信，完全凭读者自己评判。

作为律师，如果有人问我信不信，我会告诉他，可以信，至少在办案时可以。毕竟，在案件事实存疑时，要采取有利于被告人的无罪推定原则嘛。

有人说，时间像一头野驴，跑起来就不停。

这五个月时间，王小猛都不知道自己是怎么熬过来的。

恍惚之间，王小猛从发呆中醒来，揉了揉脸，继续趴在工位上投入“工作”。面前的工位上放置着四部手机，当然，都是被提前拆掉前后摄像头的。

放在左手边的三部手机，是专门用来在各大网络平台交友、引流的。王小猛根据“组长”的培训，将组长分发的精英商务自拍、驾驶豪车的侧拍、打高尔夫的抓拍等照片按时更新在各个平台的账号上，把自己包装成一个多金、帅气且有生活气息的中年精英男士。

如果你要问这些图都是从哪儿弄的——组里有专门负责在各平台偷图的“同事”。

你可能还会问，社交账号的实名制认证怎么通过呢？图都可以偷，实名认证的手机号、社交账号自然也可以通过“灰产”渠道批量购买。

讲到这里，反射弧再长的朋友应该也能回过味来，这是个诈骗窝点。没错，王小猛待的这个园区，就是一个非常成熟、人数众多的电诈园区。人员按照具体业务类型（或者叫诈骗手法）的不同，进行细分领域的分组，有裸聊诈骗组、网赌诈骗组、刷单诈骗组等，不一而足。而王小猛这组，是专门针对女性受害人搞“杀猪盘”的。

上面的账号人设包装工作完成后，接下来要做的便是物色猎物，实施诈骗。为了提高成功率，诈骗组织者经常会对直接实施诈骗的底层人员进行各类培训。

首先，组长或“培训老师”会让底层人员快速了解股票、基金方面的知识，夯实话术基础，理解能力差点的甚至会被要求抄写、背诵相应内容；其次，在寻找受害人时，底层人员会严格遵循“上级”的指导意见，在各大平台搜索“奢侈品”“包包”“黄金”“宝马、奔驰”等关键词，用于确定有经济实力的目标受害人；最后，组长会对底层人员进行诈骗话术专门培训，比如如何为受害人提供情绪价值，怎么讲话、夸人才会显得不突兀且让人受用。

通过以上流程，底层人员找到合适的目标受害人，寒暄和熟络后，便会将其引流至私域聊天工具上，实施进一步的动作。而工位上右手边的最后一部手机，是专门用来跟受害人聊天的。

底层人员会利用已经营造成功的精英男士形象，每天对受害人嘘寒问暖，关怀备至。在察觉到对方的情感空隙和弱点时，他们甚至会乘虚而入，与其确定“恋爱”关系。在长达几周的铺垫和烘托过程中，他们会假装不经意地透露自己的“投资成功经验”，有意对受害人进行心智上的占领和洗脑。在受害人彻底放下防备心后，底层人员会诱导受害人投资，参与“投资项目”。刚开始可能是几百块的尝试，受害人发现可以获得不菲收益；接着便是更大数额的进一步试探，结果依旧可以成功提现；直到受害人完全信任这个骗局并投入大量资金后，诈骗团伙才会收网跑路，留下被洗劫一空的受害人。

他们把成功盯上的目标受害人称为“猪”；培养感情和信任的过程叫“养猪”；而最后收网骗钱的行为，自然就是“杀猪”。这便是“杀猪盘”的由来。

可能有人认为，受害人会被骗是因为他们“蠢”，换作自己就一定不会被骗。

不，不是这样的。

我们不该苛责受害人，因为我们都有可能成为受害人。诈骗能够一直存在，是因为它能准确利用人性弱点。不幸的是，我们每个人都有弱点。

你没被骗，也许只是还没有遇到那个为你而设的骗局。

为了提高诈骗成功率，组长等诈骗组织者在日常工作时还会随时抽查手下底层人员的聊天进度，核对他们是否严格按照流程和思路进行诈骗。每个底层人员每天都有加好友和业绩成交的任务，据说，完不成这些任务的底层人员会挨打。

几个月后，我在看守所会见王小猛时问他挨过打没，他回复说，自己经常会因为完不成业绩被上级拿电棍电击，但电击又留不下任何伤痕，所以自己身上从外表看没有伤。我大概理解他的想法，他可能是想给自己争取个胁从犯的从宽处理情节，这样可以减轻处罚或免除处罚。

但很遗憾的是，每个从境外诈骗窝点回来的人员都说自己在园区天天挨揍，都说自己是胁从犯。一问就是挨打，一查就是没伤。司法机关基于此种现状，对于胁从犯情节的认定标准比较严格，最起码要有初步的指向线索（比如旧伤痕）才有可能认定。

不过，不管王小猛的话是真是假，至少在最近一段时间内，他没有挨揍的风险——因为，他成单了。

正在聊的这单，对面的女性受害人叫李莹莹，四十岁左右，丈夫常年在外地务工，很少回家，夫妻两人常年分居。李莹莹本人在一家工厂做文员，工资不高但胜在稳定，下班空闲时间喜欢拍些生活片段发在短视频平台上。王小猛盯上她后，花了半个月的时间获取她的初步信任，并成功将她引至私域交友软件上进行更深入的沟通。常年独自生活的李莹莹，内心的孤单和寂寞情绪无处排解，因此很快便陷入了这张针对她编织的虚假情网，并在王小猛的诱导下，将自己与丈夫积攒多年的近十万元积蓄扔进了所谓的“投资项目”。

如果不发生意外，最多再过半个月，被掏空的李莹莹就会看着无法提现的“投资账户”，进行自己人生中的第一次报警。

但是，意外总是会发生的。

诈骗团伙的组织者为了追求利润最大化，对手下的这帮底层人员总是极尽克扣、折磨之能事，除了限制人身自由，不允许他们随意出入园区，还禁止他们与家人联系或通话。诈骗组织者在对底层人员多次“教育”、确定对方不会配合继续实施诈骗后，更是会把不听话的底层人员卖给手段更毒辣的园区。长此以往，有相当一部分底层人员，内心积攒了大量的怨气和愤怒，只是在等待一个释放出来的机会，而王小猛就是其中之一。

机会很快就来了。

一个不寻常的夜晚，不知是什么原因，园区的岗哨守卫力量出现了短暂的真空，这一不可多得的片刻，被心中积怨已久的底层人员敏锐捕捉。他们纠集了数十人，发起了冲击。人多力量大，众人的冲击使得园区的封禁彻底沦为摆设，王小猛也混在冲击的人群中逃了出来。据说，这段录像还被好事者放到了短视频平台上，检索相关词条就能看到。

逃出来了！王小猛呼吸着这久违的自由空气。

确实是逃出来了，但接下来呢？

王小猛目前只知道自己身处缅甸北部某地，至于离中缅边境有多远、该怎么到达边境，他一无所知。想回国，就必须借助本地人的力量。不知道跑了多久，他终于看到了一辆出租车，让司机先带他离开园区附近，随便往哪里开都行。

上了出租车，他才意识到，自己没钱。

园区里生活封闭，且不使用现金，生活消费都是挂账，自己身上一点钱都没有。个人手机和身份证早已被没收，家人的手机号码也记不起，没办法联系家人。好在，逃出来之前，王小猛顺手把一部“工作”手机装在了口袋里。

死马当作活马医，他准备联系李莹莹。

王小猛以工人受伤急需救治但自己账户转账受限为由，让李莹莹打来五千块应急周转。李莹莹毫不怀疑地向他指定的账号转了五千块，出租车司机收到钱后，径直驱车将王小猛送往中缅边境的入境口岸。

是的，王小猛准备走正规口岸入境，即使代价会是因偷越国（边）境而被行政处罚，他也愿意接受。至少这样，他可以安全回到国内。他实在没有信心在没有蛇头带路的情况下，再次走上十几个小时山路。

王小猛考虑到入境时边检也许会检查、扣押随身财物，作为犯罪工具的这部工作手机里保存了诈骗过程中的大量聊天记录，是应该在入境前丢掉或销毁的。但是，在丢掉这部手机前，他总觉得有一些该做的事还没做。

是什么事呢?

李莹莹毫无保留的信任让王小猛的内心有了一丝触动，他终究不是一个无情的诈骗机器。这次倘若不是李莹莹及时伸出援手，付不出车费的王小猛也许会被本地司机再次卖到其他诈骗园区，想到这种可怕的后果，王小猛心有余悸。在出租车开往边境口岸的路程中，他终于下定决心，要在所剩不多的时间内，尽力帮李莹莹挽回损失。

王小猛登录了工作手机上的社交账号，几乎是以他这辈子最快的打字速度，将这个骗局的来龙去脉简要讲了一遍。他几乎是以歇斯底里的语气阻止李莹莹再往这个骗局里打钱，并要求她不要表现出已然发觉自己上当受骗的情绪，在剩下的“投资项目”“到期返现”前，稳住即将接手她这个受害人的诈骗团伙。李莹莹对这突然出现的海量信息一时难以接受，无所适从，只是木讷地回应：都是假的吗？这一切都是假的吗？

出租车即将到达边境口岸，王小猛要下车了，这部手机要处理掉，账号也即将下线。王小猛向李莹莹做最后的告别。

“求你了，我没时间了，一定要听我的话，不要再往里投钱了。千万别让他们看出来你已经识破了这场骗局，不然他们会立刻封掉你的账户，到时候钱就真的回不来了。很快我这个账号会有新的人来接手，你一定要假装出自己还想接着加大投资的态度，但一定不要再往里投一分钱。一定要记住我今天说的话啊！”

“我知道你对我好，可我不知道该怎么瞒住他们啊！你回国后，我还能联系你吗？你能帮我吗？”

王小猛愣住了。

理智告诉自己，不能给出自己国内的联系方式，因为这些账号都是实名认证的，一旦出事，公安机关一定能顺藤摸瓜找到他。

可是，人终究是很难只遵循理智的。王小猛真担心李莹莹被诈骗团伙看穿，怕她为数不多的积蓄终究付之东流。情感战胜了理智，或者说，内心深处沉睡已久的那一丝善良，发挥了关键作用。

王小猛最终还是给了她联系方式。

正是这一念之差，命运安排我跟王小猛相见，在看守所里隔着铁栅栏的律师会见室。

你可能会认为，是李莹莹拿到联系方式后，立刻向公安机关举报了王小猛。但是，实际上不是这样的。

回国后的一个月内，王小猛通过网络，事无巨细地帮助李莹莹与诈骗团伙周旋，最终成功帮助她拿回了所有投资资金。李莹莹也没有报警控告王小猛诈骗。

那诈骗行为是如何被发现的？

关键点在于李莹莹提现到自己账户的投资本金和收益。李莹莹收到的这些钱，是国内其他受害者被诈骗的资金。诈骗团伙没有合法的结算系统，出金、入金都是以购买来的商户银行卡或自然人银行卡进行的。“项目”爆雷后，受害者向公安机关报警，民警对涉诈账户进行摸排，最终根据钱款流向锁定了李莹莹，并传唤了她。

李莹莹接受调查时，将此事的来龙去脉全部向民警陈述清楚，因没有犯罪故意且没有实施犯罪行为，当天做完笔录便被释放。而王小猛因其回国后与李莹莹这一个月的沟通，进入了警方的视线，被抓获归案。

案件事实较为清楚，除了李莹莹这不到十万的涉案金额，在案证据无法证明王小猛有其他诈骗行为，王小猛除对李莹莹这一单完全坦白外，再不承认自己有其他成单情况。

这种涉及境外的电信诈骗案件就是如此，客观证据难以搜集，所有的涉案记录原始载体都在境外，甚至已被销毁。很多时候，办案机关即使抓到了嫌疑人，也难以准确查清嫌疑人的涉案数额。王小猛这起案件好歹还有李莹莹这一单能够确定涉案数额，其他很多案件，甚至难以证明嫌疑人在境外实施了电信诈骗行为。

面对这种情况，最高人民法院、最高人民检察院、公安部联合制定发布《关于办理电信网络诈骗等刑事案件适用法律若干问题的意见（二）》，该司法解释第三条明确规定：有证据证实行为人参加境外诈骗犯罪集团或犯罪团伙，在境外针对境内居民实施电信网络诈骗犯罪行为，诈骗数额难以查证，但一年内出境赴境外诈骗犯罪窝点累计时间三十日以上或多次出境赴境外诈骗犯罪窝点的，应当认定为刑法第二百六十六条规定的“其他严重情节”，以诈骗罪依法追究刑事责任。有证据证明其出境从事正当活动的除外。通过上述司法解释，此类电诈案件取证困境得到了一定缓解。

我接到法律援助中心的指派后，尽快拿到本案案卷进行查阅，并就案件现有的事实证据与王小猛进行了核实。平心而论，这类境外电诈案件的辩护空间并不大，在司法政策和时代背景的双重作用下，此类案件的证明标准和处置倾向都不可避免地降低和从重。对辩护人来说，大部分的电诈类案件，也确实很难发现太强有力的辩点。

对于起诉书的指控，王小猛没有异议，但有一个细节引起了我的注意。案件已经被提起公诉，到了审判阶段，王小猛却尚未有任何退赃、退赔的表现，哪怕一分钱都没有。我觉得这多少是个机会，便以此着手，与公诉人和审判长进行量刑上的协商。最终换来的方案是，主动退赔六千元，可以将量刑建议上的羁押期限减去三个月，也就是有期徒刑一年三个月。

对王小猛来说，这算得上是一个较为理想的结果，但更大的问题出现了。

法律援助中心之所以会免费指派律师给王小猛，是因为他的家人没有为他聘请辩护律师；而家人没有帮他请律师的原因，是家人根本不知道他被抓这件事。王小猛到案后，不愿让家里人知道自己做的这些事，也拒绝了民警帮他通知家人的提议。当然，那都是几个月前的事了。现在的王小猛对自由的渴望十分强烈，他希望我能帮他联系家人，看他们是否能先帮自己出这六千元，等到自己被释放后，打工挣钱再还给他们。

我本以为，事情到这一步应该不会再有波折，但意外总是如期而至。

我先把电话打给了王小猛的妈妈。我向她告知，她的儿子因为涉嫌诈骗罪被羁押于 ×× 看守所，正在一审审理阶段，现在如果主动退赔六千元，可以减少三个月刑期。我尽量把法律名词说得通俗，让对方能听明白，但当我把这些话讲完时，我内心已然生出不好的预感。

这也太像电信诈骗了！

可笑、可悲又不幸的是，对面的王妈妈跟我想法一致。

对方用她那不太标准的普通话，对我全家进行了一通铺天盖地的“热切问候”后，挂断了电话。即使在这个过程中我一直在拼命解释，想要证明自己的身份，甚至表示可以把律师证拍给她看。但再打过去，电话已经是忙音。如果我没猜错，我的号码应该是被拉入黑名单了。

多么讽刺的一件事，电信诈骗的被告人，因为电信诈骗太猖獗，错失了减少刑期的机会，这又何尝不是一种因果。

我不得不再次来到看守所，问他是否还有其他亲人的联系方式。王小猛告诉我，自己很小的时候父母就离异了，父亲跟他已多年未见，关系疏远，况且父亲的经济状况一直不太好，是否有可能帮他拿出这六千元，他心里没底。

不管结果如何，终归还是要尝试一下。

电话接通后，对方倒没有像王妈妈一样抵触，只是淡淡表示，自己生活也困难，对这个常年不来往的儿子，实在爱莫能助，只能让他自求多福。

这六千元终究没有退出来，没有主动退赔情节，自然也就没能减少刑期。

最终，因为王小猛在共同犯罪中起次要、辅助作用，到案后能如实坦白且积极认罪认罚，人民法院认定王小猛犯诈骗罪，判处有期徒刑一年六个月，并处罚金两万元。

一审判决后，根据法律援助中心的工作流程，我对王小猛进行最后一次回访会见，询问其是否对判决不服、是否需要上诉。在完成回访工作，管教将其带离会见室时，我问出了那个压在心底很久的问题。

“现在回想起来，你对于把联系方式给李莹莹这件事，后悔吗？”

漫长的沉默。

在我以为这个问题不会再有答案，拿着背包转身准备离开时，身后传来王小猛的声音。

“认真想想，还是不觉得后悔，至少目前在看守所里很心安，能睡得着觉。”

## 后　记

这篇故事的初稿完成后，编辑希望我能在文章的最后补充一些反诈技巧，最好是让读者读完就再也不会被骗的那种，列个“一二三四”，读者爱看，会有一种获得感，书也会更好卖些。

我想了想，没有反驳她，也觉得确实该补充点什么，但并不是所谓的反诈技巧。

电信诈骗最可怕，也最可恨的一点是，他们只做筛选，从不说服。意思就是，他们不会尝试说服那些一眼就能看破骗局的人，他们只会快速放弃这个不可能成单的非目标客户，迅速寻找下一个可能上当的人。从概率学上来看，他们总是赢的一方。

这是非常惨痛的现状。

很多人都会说，诈骗利用的是人性的贪婪，而我不这么想。不仅是贪婪，还有恐惧、欲望、空虚、孤独等，我更愿意称之为人性的弱点。

是否会成为电信诈骗的受害者，从来无关乎学历、见识、社会地位、财富、资源，仅我所知，被骗过的律师、医生、大学教授不在少数。是否会成为那个被选中的倒霉蛋，很多时候只取决于你在接到电话的那一刻，能否招架得住他们的心理战术，往往是仅仅一瞬间的心理防线空虚，便会导致最终的全线溃败。

我常在直播里跟很多观众讲，即使是我，一名办理过各式各样诈骗案件的律师，也不敢妄谈自己绝不会被骗。职业经验让我比大多数人能更快速识别市面上的常规诈骗手法，但这绝不代表我能百分百幸免于未来出现的各类新式骗局。

毫不夸张地说，反诈是一场战争，一场旷日持久、没有硝烟却让人民群众损失惨重的全民战争。

如果非要问，对于这场战争，我们还有什么能做的，我想，那就是尽可能重视它，多了解、关注各类新型诈骗的手法，尽量打破信息不对称的困境。这是我在直播间坚持详细拆解各类电诈骗局的目的，更是这本书如此详细描写案例细节的初衷。

重视不会让我们输，轻敌才会。

我从不敢妄谈胜利，因为这场战争还在持续。我只希望，这场战争给我们造成的损失，能尽可能地小一些。

## 盗墓风云

一切都在发生，一切又好似从未发生。

在我的印象里，大概是从二十年前开始（2005 年前后），盗墓、古董题材的小说开始面世并且持续受到大量读者关注，相关的影视化改编市场也是如火如荼。那些年的我常常熬夜追更，我以为自己已经算是此类内容较为狂热的受众，但万万没想到，有人会比我更狂热。

先跟大家提前交代清楚，这案子不是我亲自办的，而是我朋友办的，我是在跟他喝酒聊天时了解的案情，感觉挺有意思。他也建议我把这个故事拿出来写一写，以飨读者。为了给大家带来更好的阅读体验，接下来的内容将以办案律师第一视角进行讲述，为保护隐私，文中人物均为化名。如此，闲言少叙，咱们直奔正题。

刘伟是十年前来到古城的。当时他刚从老家的初中辍学，学历没有优势，家里也没能力帮他安排工作，他没地方可去，只好寻思着来到隔壁省份的这座千年古都碰碰运气。到古城后，刘伟送过外卖，干过快递，在饭店后厨当过学徒，还开过一段时间网约车，忙忙碌碌早出晚归，每到月底，交完房租再除去生活成本，基本所剩无几。看着古城那越来越难以企及的房价，再对比自己兜里那点积蓄，刘伟觉得，单靠这么一天天熬下去，是不太可能在古城买房成家了，得想点其他法子，看能不能捞点外快。

刘伟想过业余时间开网店，但缺乏运营经验的他不过是被割韭菜给无良机构贡献学费，货是一件没卖出去；他还想过做自媒体拍视频，费很大劲拍摄剪辑，上传成功，隔天去看点赞数只有两三个，其中有个赞还是老家村东头二大爷点的。四处碰壁的刘伟还是没能迎来暴富的机会，但他那团活泛的心火始终没有熄灭。

直到有段时间，刘伟迷上了热播的盗墓题材电视剧，每天下班回家后他都会躺在床上拿起手机第一时间追剧。光看电视剧不过瘾，他还找出原著小说来“补课”，甚至有时候还在贴吧论坛里跟网友讨论剧情走向和盗墓的基础知识。

这天，刘伟追完当天更新的剧集，意犹未尽地在贴吧论坛里跟网友们灌水聊剧情时，突然看到有帖子在讨论古董回收的价格。那一瞬间，他茅塞顿开。

嘿，自己怎么就没想到这条路呢！

古城之所以叫作古城，就是因为这地方在过去的两千年里基本是以都城的形式存在，地底下大大小小的陵、冢、墓、坟不计其数。房子盖着盖着就挖出古墓，地铁修着修着就遇见古墓，这类新闻时常出现在地方小报的版面上，当地老百姓都已习以为常。

反观自己，每天像无头苍蝇一样到处找搞副业的路子，回想起来，自己的行为简直就是坐在金山上要饭嘛。至于风险，手脚麻利点，别被抓不就行了。古往今来，干大事者哪个不冒风险，高风险意味着高回报，不拼命搏一搏，单车怎么变摩托？就这样，刘伟成功说服了自己。

说干就干，刘伟开始尝试为自己的盗墓制订严密的实施计划。首先要解决的是工具。盗墓是个技术活，挖宝贝的前提是得有称手的家伙什儿，不过这个问题难不倒他。刘伟早已在长期阅读以及和网友的交流中了解清楚盗墓所需工具的清单，手头上也积攒了不少五金贩子的联系方式。没几天时间，洛阳铲、探针、铁锹等工具全部到位，刘伟看着这些摆在出租屋里的好装备，十分满意。

工具解决后，人力资源的配置难题又摆在了面前。盗墓不仅需要技术，还需要体力，毕竟挖土打盗洞的过程是无法省略的。考虑到这活儿见不得光且有较大风险，在挖土的同时，还得安排一个人盯梢放风。可这活儿又不是工地招工，多一个人就多一分泄露的风险，所以加入盗墓的“合伙人”不仅要体力好，还必须能信得过。思索再三后，刘伟在内心敲定了未来合伙人的人选——张浩。

张浩跟刘伟是同乡，两人是发小，都是早早辍学来到古城摸爬滚打，各个行业都干过，但日子总是过得勉勉强强，二十六七岁还没成家，看着老家的朋友和同学老婆孩子热炕头，难免有些酸涩。刘伟把这个刺激的“创业计划”分享给张浩后，两人一拍即合，工作模式也迅速确定：轮流挖坑，轮流放风，收益平分，风险共担。

人和装备都齐了，下一步就是正式开干，但这时候最重要的一个问题摆在面前：挖哪儿？

对，从哪儿开始挖？墓在哪儿呢？

关注盗墓题材文学作品的朋友都知道，挖洞容易找墓难。整个盗墓过程中最重要的环节就是找墓，也就是“分金定穴”。如何确定挖开的土坑下是否有好东西，如何通过土壤性质和地形特点判断脚下是否有墓，如何通过风水术确定古墓棺椁放置的精确位置，这是一门十分讲究的大学问，其中很多技巧都是不传之秘，不是随随便便来个盗墓爱好者看两部小说、瞅几眼电视剧就能做到的。话说回来，谁也不能真指望自己像电视剧主人公那样拿着个风水罗盘，念叨两句“寻龙分金看缠山，一重缠是一重关”就把墓找到吧。那毕竟是戏剧效果，不是现实生活。而这类看山找墓的本事又没办法速成，现学肯定是来不及了。当然，刘伟压根儿没打算学这些东西，他心中早已有了主意。

对刘伟来说，这个横亘在很多盗墓者面前的最大问题根本不值一提，因为，他早已在购买工具前就确定了作案对象。而且，他非常确信，只要把墓挖开，就一定能搞到好东西。

单从选墓的地点来看，确实没选错，他们挖的地方百分百能出文物。为什么?

因为这哥儿俩选的是一个位于国家某 A 级景区(被公布为全国重点文物保护单位)的地方。是的，你没看错，全国重点文物保护单位，记住这个知识点，后面还要考。

案发后我在会见刘伟的时候，曾经就选墓的细节问过他：为什么会选在这里动手？不怕被抓吗?

他的回答也自信满满：这里是全国重点文物保护单位，说明里面肯定有好东西，最起码不会发生挖完才发现白挖的情况；另外，影视剧里不是经常说吗，最危险的地方往往是最安全的地方。

位置选定了，工具也都置备齐了，只待开工。两人在景区里挑了个最偏远的墓，把土工作业的时间定为晚上十二点到凌晨五点，这是园区管理巡逻最为松懈的时候。两个正值体力巅峰的年轻人，备好水壶和干粮，你来我往，交替挖土，挖了整整半个月。

白天睡觉，晚上干活，这盗洞越挖越深，哥儿俩的体力也逐渐透支，可是，新的问题出现了。

刘、张二人把外围的墓葬封土挖得差不多后，挡在墓室前的最后一关是墓室的外围石壁。要知道，这些古墓的四壁都是拿石砖砌成的，石层之间通常还夹有方木，坚固性毋庸置疑。而哥儿俩用来挖墓的工具无非就是些普通的五金工具，以此去死磕数尺厚的古墓石壁，感觉比《肖申克的救赎》里安迪挖墙越狱还难。可是事已至此，哥儿俩都卖了大半个月力气了，若是就这样无功而返，实在是不甘心。两人商量了一下，还是得想办法把挡在面前的石壁整开。

整开，说得倒是轻巧。这么厚的石头，怎么整？挖肯定是挖不开了，难不成还能把墓炸开吗？

对，就是炸开。他俩一通商量，最后商量出来的办法，就是把墓壁炸开。

说实话，在办理这个案件的过程中，我时常会出现一种恍惚感。恍惚于这到底是幻想还是现实，恍惚于这哥儿俩看起来都挺老实，怎么脑子里的念头都如此恣肆。

炸开一座坐落于国家级风景名胜区且常年有人巡逻的古墓，这是求财还是寻死，我无法分辨。何况，就算要把墓炸开，炸药从哪儿来呢？上网买吗？不太现实。

随随便便就想搞到便携好用的高烈度炸药，未免太猖狂无知了。伤害性极大的爆炸物都有严格的许可制度，不管是正规途径还是非正规途径，他俩都很难接触到。退一步讲，即使能接触到，其相应的购买对价也是这两个年轻人难以承受的。怎么办？

也好办，自己动手，“丰衣足食”。他俩决定自己做炸药。

说干就干，两人在网上到处搜罗炸药的化学配制方案，相应的配制原料搞不到，就寻求含有相似成分的平替产品。白糖、化肥，有什么就用什么，搞到什么就放什么。没有专业的化学提炼设备，就用锅碗瓢盆电磁炉。

这哥儿俩虽然连高中化学课都没上过，但可能真有点所谓的天赋在身上，最后真就实打实把制作全过程完整跟了下来，并且做成了“一坨”难以名状，也许勉强可以被称为“炸药”的东西。

到这一步，炸药的问题“可能”是解决了，哥儿俩未竟的盗墓之路终于又可以继续了。

结合本文的开头，相信各位读者朋友应该已经能够猜到后续剧情了。没错，这哥儿俩拿着所谓的“炸药”跑到墓壁旁点燃，试图炸开古墓，但这坨非常不争气的“疑似爆炸物”除发光发亮和偶尔发出一些噼里啪啦的响声外，完全无法炸破墓壁。更倒霉的是，这刺眼的光亮和不合时宜的响声招来了景区巡逻人员，哥儿俩毫无意外地被赶来的众人当场擒拿。

我曾经问过刘伟，为什么不在正式使用前找个地方试一下这所谓的“炸药”好不好使呢？他说他也曾经想过，主要是试验场地不好找，再加上盗墓工期严重落后，自己急着赶进度，就没再专门安排时间给炸药试验环节，现在想来，还是自己的项目管理流程出现了问题。

时至今日，多言无益，人都已经在看守所住下，接下来的事就要交给公检法和律师了。

在披露本案最终结果前，我们首先要明确一件事，那就是，刘伟和张浩到底涉嫌什么罪名？

盗墓罪吗？这么说虽不算错，但并不严谨。较为严谨的表述是：盗掘古墓葬罪。

根据《中华人民共和国刑法》第三百二十八条：

盗掘具有历史、艺术、科学价值的古文化遗址、古墓葬的，处三年以上十年以下有期徒刑，并处罚金；

情节较轻的，处三年以下有期徒刑、拘役或者管制，并处罚金；

有下列情形之一的，处十年以上有期徒刑或者无期徒刑，并处罚金或者没收财产：

（一）盗掘确定为全国重点文物保护单位和省级文物保护单位的古文化遗址、古墓葬的；

（二）盗掘古文化遗址、古墓葬集团的首要分子；

（三）多次盗掘古文化遗址、古墓葬的；

（四）盗掘古文化遗址、古墓葬，并盗窃珍贵文物或者造成珍贵文物严重破坏的。

盗掘国家保护的具有科学价值的古人类化石和古脊椎动物化石的，依照前款的规定处罚。

朋友们，还记得上文中我提到后续要考的知识点吗？它来了。

根据刑法条文，你们可以尝试对号入座，看看刘伟和张浩符合哪一项，该怎么量刑。

也许眼神好的朋友已经开始抢答：十年以上有期徒刑或者无期徒刑，并处罚金或者没收财产！

这个答案对，但也不全对。为什么？

朋友们，你们有没有觉得，这案子如果直接这样判，好像漏掉了点什么？

漏掉了什么呢？我们似乎忽略了刘、张两人的犯罪形态。

什么是犯罪形态？如果展开讲，估计要另起一篇，甚至一篇都不太够。出于篇幅考量，我长话短说。

各位了解犯罪预备、犯罪中止、犯罪未遂这些概念吗?

即使对前两个概念不太熟悉，但犯罪未遂这个名词，我相信大家基本听说过。

我国刑法第二十三条规定：已经着手实行犯罪，由于犯罪分子意志以外的原因而未得逞的，是犯罪未遂。对于未遂犯，可以比照既遂犯从轻或者减轻处罚。

具体到本案中，刘伟和张浩，是不是犯罪未遂?

当然是。

他们已经着手实行犯罪，挖盗洞、点“炸药”，只是因为家伙什儿不给力才未能得逞，本案是非常典型的犯罪未遂案例。

那他俩该怎么判?

考虑到刘伟和张浩各自在本案中起到的作用，结合他们在本案中所存在的犯罪未遂、坦白、初偶犯、自愿认罪认罚等量刑情节，最终，法院认定刘伟犯盗掘古墓葬罪，判处有期徒刑九年，罚金三万元；认定张浩犯盗掘古墓葬罪，判决有期徒刑八年六个月，罚金三万元。

可能有人会问，为什么墓是一起挖的，在量刑上刘伟却比张浩重了六个月？

法院的考量是，刘伟属于犯意发起者，在量刑时应予以区分，这六个月就是这么多出来的。

一审判决作出后，刘伟和张浩没有上诉。上诉期满，判决生效，两人被移交监狱服刑改造。这起略显滑稽的盗墓案，至此告一段落。

挖开的盗洞已被回填，松懈的景区巡逻也早已加强。随着日历一页一页翻过，时间不知道过去了多久，这座险被得手的古墓旁又郁郁葱葱。

一切都在发生，一切又好似从未发生。

在个别夜深人静、月明星稀的夜晚，我偶尔会设想，这座经历过数百年风霜的古墓，曾经被历朝历代的盗墓贼盯上过多少次？

在棺椁中沉睡了数百年的墓主，又是否清楚他“家”周围发生的这一切呢？

# 鸡蛋与石头

“公平，公平，还是他妈的公平。”

我入行多年，经手案件数百起，阅人万千，看惯世间人情冷暖，深知法律并非万能的社会治理工具。

我与小郭的相遇，起源于她在后台向我发送的一则求助消息。

小郭是个女主播，更严谨点说，是家庭条件一般却又十分努力的农村女主播。条件“一般”到什么程度呢？我举个例子，她这边直播一停，父母那边治慢性病的药就得断，就到这种程度。为了支撑这个家，姑娘几乎每天坚持直播两场，日均直播时长超过十个小时。即便如此，每个月到手也不过六七千块。

努力程度与回报不成正比的主要原因是，她虽面容姣好，但有原则，绝不进行性暗示和诱导消费，坚持凭才艺挣钱。好在姑娘对物欲的要求不高，自小在川西农村长大的她见惯了家里长辈的辛苦，直播赚钱不过是想用以贴补家用，给病痛缠身的父母减轻些生活压力。日子本该就这么不温不火地持续着，但看惯了故事的各位都知道，意外总会发生，或早或晚。

小郭直播所在的A平台是一家上市公司，曾在业内轰轰烈烈的“千播大战”中稳居头部位置，一时风光无限。但随着近些年来以推送算法著称的B平台横空出世，A平台面临着观众和主播的双重流失，防御战越打越吃力，增量做不出来，就开始研究保存量，一门心思想着怎么把现有的主播拴住，让他们不能跳去其他平台直播。大主播影响力大，议价能力自然强，平台就靠高额签约费留人；与之相对，对于没什么博弈筹码的小主播，比如小郭，平台基本靠“画饼”与威胁，想尽办法让人把手印给按了。

小郭并不想签所谓的独家约。

从未接触过法律实务的她虽然看不懂那几十页的合同条款，可只要识字的人都能看出来，那些冗长且拗口的合同条款绝不意味着什么好条件。苛刻的日均开播时长要求、大量的违约情形陷阱、高额的违约金条款，让人不寒而栗。整整几十页合同，对乙方来说几乎没有任何落到实处的权利，只有苛刻的海量义务。更过分的是，签约费那一栏，金额为零；每月保底收入，也是零。

平台的运营人员一次又一次地给小郭“画饼”，承诺她只要把独家约签了，平台一定会向其倾斜资源，全力扶持她的直播频道。双方你来我往拉锯数轮，小郭还是拒绝了对方。

果不其然，她迎来了平台的报复。

她的直播间被降权限流了。

刚开始的几天，照常直播的小郭并未发现任何不对劲。直到越来越多的老观众私信她，问其为什么不开直播、为什么搜不到她的账号时，小郭才意识到问题的严重性。小郭是个倔脾气，不愿意低头，仍旧按照之前的频率和方式坚持直播。这一晃，就是三个月。

在这期间，她的直播间人气断崖式下降，老粉丝流失严重，月均直播收入不足两千元。除去设备损耗和生活支出外，她的净收入是负数。

三月期满，运营人员如期而至，心照不宣地再次抛出那个重复多遍的问题：签不签？

小郭本想再挺一挺，但无奈荷包发紧，手头的存粮实在难以为继，无奈之下，她最后还是签了这个长达三年、如卖身契一般的合约。

红手印按完后，不出所料，小郭并没有迎来所谓的“扶持”和“资源”，除“建议”她加入一家疑似由平台控制的直播公会外，A 平台只是不再对她的直播账号降权限流，然后就任由她自生自灭。直播公会偶尔给小郭转发一些站内公告，但在日常生活中，双方井水不犯河水，几乎没有交集。

两年时间，转瞬即逝。

日子看似风平浪静，可外部竞争从未平息过。竞品相似的几大内容巨头开始在直播赛道发力，逐渐形成赢家通吃的局面，其中 B 平台遥遥领先，稳居第一。A 平台在市场份额争夺上节节败退，股价颓势尽显。城门失火，殃及池鱼，小郭的直播间人气也随着 A 平台的地位滑落，越发不如从前，每月到手的收入越来越少。延长直播时长，维系老观众，更新设备，小郭把能尝试的方法都尝试了一遍，并没有挽救颓势。是啊，整个平台都在走下坡路，个体的挣扎又怎么能与趋势斗争呢？

熬一熬吧，合同期只剩一年，等合同结束换到 B 平台直播，应该就会好起来，小郭只能这么安慰自己。

生活如此爱捉弄人，总喜欢给人搞点新花样。

寻常又不寻常的一天，许久未联系的直播公会突然从对话列表中弹出，问小郭最近效益如何，直播间人气和礼物打赏流水是否有增长。

明知故问真是让人生厌啊，你们明明拥有着看到我账号全部数据的后台权限，还非要让我亲口说出你们想听的答案，小郭心想。

可勉强维持虚与委蛇总归是需要的，小郭还是与对方寒暄了几句，顺便抱怨了最近的不景气。对方接着话茬儿应和了几句，随即抛出一个让小郭始料未及的问题。

“你考不考虑去 B 平台直播呢？”

“我跟 A 平台不是签了三年的独家约吗？合同期内去其他平台直播是会违约的。”

“应该没事的，A 平台现在效益不好，也知道你们这些小主播的难处。在完成独家合同约定的直播时长任务之外，利用闲暇时间在其他平台直播，给 A 平台的直播间引流，稍微再挣点零花钱补贴自己生活，问题不大。”

“真的可以吗？”

“应该可以的，我们直播公会也会帮你去跟平台沟通，你可以先完成 B 平台的直播账号创建注册工作，随时准备开播。”

小郭不是没怀疑过这件事的可行性，但父母每月待缴的药费不容得她犹豫。她只好一厢情愿地说服自己，毕竟这家直播公会也是平台推荐的，平台的各种站内通知也都是由公会代为转发，公会的提议自然也代表着平台意见，这样应该……可以吧?

但残酷的商业社会里没有“应该”。

在小郭和 A 平台签订的合同中，关于合同解除或变更的条款写得明明白白，关于合同内容的任何变动都应经过双方书面文件的正式确认，哪怕是平台员工的亲自通知都不作数，更何况与平台八竿子打不着的直播公会。所谓公会代表平台也不过是小郭一厢情愿的揣测，至少在法律层面如此。

小郭按照公会的建议在 B 平台开了账号，在完成 A 平台规定每日直播时长后的闲暇时间里，她在 B 平台尝试直播了几次，发现直播人气和收益确实优于 A 平台。正当她准备全心投入双线直播的工作中时，她收到了一份来自 A 平台的《纠正违约通知书》。

时至今日，在我写下这篇文章时，我仍不确定这是不是一个精心编织的圈套。这一系列行云流水般的操作太像套路，在法律层面却又完全无可指摘。

后续的事件发展如各位所料，A 平台在《纠正违约通知书》里明确提示小郭已构成根本违约，必须立刻停止违约行为，继续履行在 A 平台独家直播的合同义务。小郭立刻停掉了在 B 平台的直播，专心在 A 平台直播，战战兢兢等待 A 平台的下一步动作。

几个月过去，A 平台没有任何后续动作，甚至都没有人来跟小郭清算违约责任的赔偿问题。小郭以为自己躲过了这一劫，心里暗自庆幸。跟 A 平台的独家约合同还有几个月到期，小郭几乎是掰着手指头算日子去熬过这些天。

终于，时间来到合同约定的最后一个月。总算是熬过来了，小郭内心暗自庆幸，再熬几天，扛过月底，这份“卖身契”期满，到时候就可以光明正大地去B平台直播。从今以后，她再也不会签任何独家约合同，没有什么比自由更可贵。

幽灵一般的A平台再次浮现，击碎了小郭的美好展望。

A平台发来一份新的三年之约，同样的几十页合同，同样的违约陷阱，同样的开播时长要求，以及签约费和保底收入同样的两个零。

要么签了新合同，老老实实继续直播当牛马；要么承担独家约合同期内站外直播的违约责任，支付高达七位数（人民币）的违约金。

小郭不知道该怎么选，两条路都是绝路。

然后她找到了我。我问她是否愿意签新合同换取对手的放过，小郭说，如果必须再签一份“卖身契”，她宁愿去死。

好，那就没有其他路可走，谈不拢，就只有打。

我翻看着小郭发来的案件材料，其中那份独家约合同格外显眼。这份出自上市公司法务团队之手的合同长达几十页，密密麻麻的合同条款编织出严丝合缝的围剿战线，对小郭形成碾压般的毁灭态势。换句话说，我们很难从对方精心准备的弹药库中找到我们可以利用的反攻弹药。而合同中对于争议解决方式的约定，更是让这场战役的容错性降到了极点。

合同中对争议解决管辖机构的具体约定是：×× 仲裁委员会。

考虑到这本书的读者大多数应当是非法律行业的朋友，可能不太理解仲裁委员会与人民法院在争议解决中的区别，我给大家简单捋一下两者的基本情况和区别。

这条约定意味着什么？其中最核心的一点是：一裁终局。

我们都知道，仲裁委员会不同于人民法院。通过人民法院处理案件，如果你对一审裁判不服，可以上诉至二审法院；即使二审裁判生效，你仍然可以通过审判监督程序、检察监督程序去申请再审、抗诉；退一万步讲，即使这些法定渠道都已走完，你依旧能通过信访途径去纠错和维权。这些后置的救济渠道对前端的审判人员形成了有效的监督和制约，让绝大部分判决都能经得起审视与考验。

而仲裁程序中的一裁终局的意思是，裁决一旦作出、生效，你几乎不可能找到任何可靠的救济途径去推翻它，哪怕这份裁决书本身可能存在或多或少的问题。

有人可能会说，这怕是危言耸听吧，我怎么听说还可以向人民法院申请撤销裁决呢？这不是给了申请纠错的机会吗？关于这点，我建议各位可以去翻一下《中华人民共和国仲裁法》中关于撤销裁决法定事由的条文，你会发现，除非案件存在重大的程序错误或对手存在“作死”行为，不然，撤销裁决这条路几乎不可能走得通。

也就是说，小郭只有一次机会，她输不起。

不论如何，核心是要先应诉。对方都打上门了，纠结输赢没意义，重要的是先打回去。打得一拳开，免得百拳来。

在认真研读完对方提交的仲裁申请书和证据清单后，我与团队的律师针对案件情况制定了应诉策略，基本是以下思路：

首先，对于小郭是否存在恶意违约这件事，我们认为，这件事起因于直播公会的怂恿或欺骗，小郭本身并不存在主动违约的恶意。其次，即使认定小郭在其他平台短暂直播的行为属于违约，在不足一周的时间里，她能造成的损失十分有限，根据民法理论的填平损失原则，A 平台需要证明自己的实际损失。小郭在外平台直播这几天总共只赚了千把块，哪怕 A 平台想要适用惩罚性违约金，这上百万的索赔金额又从何而来呢？在长达三年的整个合同期间，小郭拿到手的总收入不过二三十万，怎么也算不出来这高达百万元的赔偿数额。最后是对小郭家庭经济情况的披露与描述，真实展示她面临的困境，目的是希望仲裁员能动恻隐之心，在他自由裁量权的范围内高抬贵手，给小郭一条生路。

应诉思路说起来就上面短短几句话，这是因为在写故事，没办法把答辩书的全部内容放上来。实际上，我们形成了近十页的答辩状和数十页的举证清单，在规定期限内交给了仲裁委。

这就结束了吗？这就能高枕无忧等开庭下裁决了吗？

当然不是。

如果案件是在法院处理，我可能没那么担心。法院判决有着完善的救济渠道，更重要的是，法官在审理案件时，更注重案件的实质公平和社会价值导向。可不幸的是，这个案件被约定在仲裁机构处理，而且是一个因裁出天价违约金而曾多次登上热搜的仲裁机构，一个曾因多名负责人、仲裁员涉嫌犯罪而闻名行业的仲裁机构。

在开庭前，我们针对当地仲裁委员会的裁决倾向、本案仲裁员的裁判风格进行了“背调”（即背景调查），想尽办法、用尽渠道搜罗一切有关信息，但结果并不乐观。根据了解，A 平台与其旗下所有主播的相关纠纷都约定在该机构仲裁，而该机构内部对 A 平台的案件也基本形成了较为稳定的裁判倾向与风格。但这种倾向与风格，并不利于我们。

这对我们很不利，可我们也没有什么好的办法。客场作战，以弱对强，无论慌不慌，都得直面。

开庭当天，在仲裁庭附近的咖啡店里，我带着团队律师给小郭做最终的庭前辅导。做完最后一次关于开庭流程和双方攻防策略的梳理，我谨慎告知了这场庭审的不乐观之处与可能产生的相应后果，让小姑娘做好心理准备。另外，我告诉小郭，如果庭审氛围和走向真的向不利于我们的方向发展，最后的应急预案我们必须提前准备好。

很多时候，诉讼的战场不仅在场内；若想不输官司，有些时候，当事人的配合和发挥也一样重要。

我跟她聊了一些东西。

很快，开庭时间到了，战争的号角终于吹响。

意料之中的是，这场发生在对手精心设计的战场上的博弈，让我们有些被动与吃力。我们只能依据民法典中关于格式条款、违约金甚至公平原则的规定，去拼命应付对方那份该死的合同。

双方你来我往数个回合，在这期间，一个细节让我记忆犹新。

A平台为了证明他们所请求的违约金有相应依据，拿出了大量无法验证真伪且不确定是否与本案存在关联性的所谓后台数据，目的是证明他们为小郭投入、倾斜了大量资源，再套上他们平台那套不知道从哪儿淘来的计算公式，得出的结论是，三年期间，他们在小郭直播间所付出的推广成本是一亿七千多万元。

没错，就是一点七亿元人民币。

"您的意思是，贵公司在过去的三年里，不顾回报，不看成本，在一个总回报才几十万元的直播间里，投入了快两个亿的成本，对吗？"

"没错。"

“既然贵司存在如此巨额损失，那您的诉讼请求为什么只主张七位数呢，这七位数又是从何而来？”

“考虑到你方当事人的经济能力，我们酌情将违约金的索赔金额调减至七位数，这是对她的照顾。”

“哦，按您的思路，我们是不是还要谢谢您？”

如果不是在开庭，我可能真的会被气笑。

开庭过程中，在与对手进行多轮攻防的同时，我一直认真观察着仲裁员的反应和态度，但情况并不乐观。也许是大量的同类案件让他麻木无感，抑或是其他什么原因，总之，他对我们这个案件的兴致不大，如果不出意外，他只想赶紧下班，然后按照惯常的裁决倾向，裁决出一个对小郭来说非常可怕的数字。

也许应急预案必须派上用场了。

虽然这并不是我们想看到的，可我们没的选。

长达数个小时的攻防告一段落，庭审辩论结束。

尾声，作为案件的当事人，小郭有最后陈述的权利。

过去等待开庭的几个月，对小郭来说，是漫长的煎熬。每天高强度直播为观众提供情绪价值的她，时刻处于对案件走向无法预知的恐惧中。高达上百万的索赔金额，就算仲裁员最后裁决出的数字是对方请求的一半，甚至三分之一，依旧是她无法承受之重。小郭这些年苦苦撑着，几乎没什么积蓄，现在却很可能因为这笔巨额违约金被列为“老赖”，最为恐惧的后果是父母的药很可能因此断掉。常年高强度熬夜直播，加上这苦苦相逼的局势，内忧外患，小郭的身体受到了很大影响，体重下滑严重，几乎成了纸片人。

她很焦虑，那焦虑几乎满到溢出来，淹没过头顶，让她无法呼吸。

这几个月里，小郭不止一次出现过轻生的念头，这种念头很真实、很迫切，也很可怕。每次的案情沟通会，最后都变成我们对她的心理疏导会。我毫不怀疑，如果案件结果不理想，那份裁决书或许会把她和家人逼上绝路。

堵不如疏，她长久以来的情绪需要一个出口，而现在，这个出口出现了。

我们请求仲裁员和对方当事人多给予一些耐心，让小郭把自己该说甚至不该说但想说的话全部讲完。这个过程好像很漫长，又好像很短暂，出人意料的是，没人打断她，或者说，没人敢打断她。

倾泻而出的情绪淹没了整个仲裁庭，她甚至隐晦披露了自己的遗言和具体实施方案。

我知道，那些话都是她的真实想法。好在，这房间里的其他人，现在也知道了。

最后陈述完成，庭审结束。

我们把小郭送上去机场的出租车，她还要赶最近一趟的廉价航班回去，家里的父母离不开人，她没办法在外地过夜。

第二天，我们接到了来自对方的和解电话。

或许是考虑到小郭的生活艰难，抑或是不想给自家本已“跌跌不休”的股价再加一剂重磅佐料，不管怎样，他们总算给出了一份对双方来说都较体面的和解方案。

对方提出的唯一要求是，这份方案的所有具体细节都必须严格保密，不得公开。

小郭的梦魇终于结束了。

同样，于我来说，做完归档工作后，这个案件就正式宣告办结。我翻看着这几个月形成的各类文本材料，思绪不觉被拉扯。

如果你曾留意过，应该会了解，无论哪个国家或地区，不管其适用大陆法系还是海洋法系，其民法体系大多有着相似的基本原则。这些基本原则多数由平等、自愿、公平等词条组成，我国自然也不例外。在民法的世界里，这些基本原则是价值顺位最高的要求，一切民事活动都应当在基本原则的价值指引下进行。只是现实中，往往没那么乐观。我想起《让子弹飞》里的场景，张麻子对着满城百姓大喊着“公平，公平，还是他妈的公平”。

现实中，拥有强势地位和资源优势的一方略施手段，便可以使另一方不得不进入被设置好的劣势境况，这是公平吗？不，这是一种剥削。

在这个案件里，小郭侥幸逃出生天，这当然值得庆幸。可下个案件中的小李、小张或小王呢？

我没有答案。

# 胆小鬼游戏

每个人都会站在自己的角度考虑，这就是人性。

对着手机上的导航琢磨半天，我终于寻到这家咖啡店。刚坐下，赵芳就给我扔来一个死局。

赵芳是我发小，好久没见的发小。成年人的友情总是这样，忙碌在各自平庸且平行的世界里，鲜少能有交集。

从她发布的朋友圈动态来看，这姐们儿应该是前不久遇着了什么事，心情不太好，到国外去散了几天心。这才刚回国，就把我拽出来出主意。

“帮我看看吧，咱的韩大律师，你姐们儿刚被人骗了三十万。”说着，赵芳把一摞材料拍在桌上。

我拿起材料翻看，大致是些合伙协议、公司工商登记材料和零零散散的各类票据。我有些头痛，一点前情提要也不给，这么一大堆材料，该从何看起。

“赵大女侠，您倒是给咱把这事理出个线头来，哥们儿压根儿还不知道发生了啥呢。”

就这样，我从对面这个怒气值爆表的女人口中，大致捋清了事情的来龙去脉。

故事是这么发生的。

我这姐们儿，家里条件还行，基本不差钱，性格率直洒脱，做事风风火火，没啥其他兴趣，就是好交朋友。不知多久前，在一个不知道怎么凑起来的商务酒局上，她认识了一个帅小伙儿。席间两人相谈甚欢，席罢两人难舍难分。联系方式互换，往后的日子里，双方之间的走动越发频繁起来。

“你先别往下说，哥们儿猜一下，你是不是见色起意了？”

“这不是重点，你闭嘴。”

正如我所说，随着频繁联系，二人日久生情。看惯故事的各位看官知道，一般在这个时候，就该出意外了。

帅小伙儿姓王，名昊远，来自东南沿海某个以茶叶闻名的省份。在与赵芳熟络的过程中，王昊远不放过任何一个看似无意、实则十分刻意的机会，慢慢铺垫。他声称自己在老家有着茶园和属于自己的茶厂，准备成立一家品牌公司专门做茶业运营，对标市面上赫赫有名的“某罐茶”。他知道赵芳这些年干的就是品牌管理和市场营销的活儿，在自媒体行业也有些资源，所以他想让赵芳在其中帮忙出些力。当然，这忙不白帮，作为回报，他同意赵芳向他的茶业公司注资三十万，参股百分之十。

不得不说，这份事业蓝图被勾勒得十分宏伟，不管是感情作祟还是一时糊涂，最终，赵芳被成功说服。

然后，赵芳就在没背调且没合同的情况下，真金白银地拿出三十万，打给了王昊远指定的一个叫张美霞的人的个人账户。不只如此，她真为这个事忙前忙后地跑了起来，找房子、弄商标、办税务、开账户，她干了个遍。值得一提的是，王昊远并不对该公司直接持股，而是找了另外的人代持股份。赵芳觉得有些奇怪，却也没多想。其间，王昊远除了装模作样地带着她到所谓的茶业产区转悠过几次，其他什么都没做。旁人看来，还以为这公司是赵芳给自己开的呢。

随着前期初创准备工作的完成，本该进入正轨的公司运营阶段却未如期到来。赵芳问过几次王昊远对公司未来的打算，但得到的都是语焉不详的回复。赵芳没多想，恰好自己手头工作忙了起来，这档子事自然也就被抛诸脑后。

转眼间几个月过去，赵芳终于想起还有这么一档子事，心想这么久过去了，也该问问现在是个什么情况。这一问不打紧，得到的回复是几个月来公司经营不善，钱花光，倒闭了。至于那三十万的投资款，自然也就打了水漂。

王昊远这套说辞自然无法打发赵芳，赵芳当即买了最近一班的飞机冲到对方城市，把他堵在家里，来一出“三堂会审”，问到底是怎么回事。对方没说太多，只是坚称公司的运营不如预期，前期的投入都竹篮打水，这是没办法的事。至于赵芳的三十万，他愿意跟赵芳签署股份回购的协议，约定在赵芳完成股权转让变更登记后的一个月内，将其三十万全额退还。打印、签字、按手印，一式两份。这事办得很顺利，顺利到赵芳有些不敢相信。

“那不挺好吗？你把股份还回去，人把钱还给你。”

“要是真这么顺利，我还用死乞白赖请您韩大律师出来喝咖啡吗？”赵芳甩来一个不满的白眼。

经此一事后，双方之间的关系突然变得尴尬起来。

赵芳总觉得对方有什么事在瞒着自己，可王昊远又不愿主动讲，两人之间慢慢有了隔阂，本就不深的感情也就随风飘散。

散就散吧，都是成年人，没有谁离不开谁，赵芳想趁这段时间不忙，把该厘清的事情厘清，好聚好散，保留各自体面。她很快办好了股权转让手续，只等着对方把钱打过来。

但这钱，迟迟没能到账。

刚到期时，对方还会对款项的延误主动表达歉意，称自己暂时周转不开，“过两天”“下周”“马上”一类的托词讲了一遍又一遍，赵芳的耐心也在这一次次欺骗中消耗殆尽。她给出了最后期限，如若对方仍不领情，那只好法院见。

毫无意外，时间虽然到了，钱却不可能到账。对方这块滚刀肉，彻底放飞自我，不再回复赵芳的消息。

赵芳后知后觉，想尽办法找到一些与他存在交集的人打听消息，才从众人的口中重新认识了王昊远。

“谁能想到啊，他就是一纯江湖骗子，一屁股官司，欠了不少朋友的钱都没还呢，都成老赖了，姑奶奶这次算是栽他手上了。”

在听着对面这位姑奶奶大骂的同时，我手上也没闲着，打开“中国执行信息公开网”查了一下，这哥们儿确实被法院列为失信被执行人，还被发出限制高消费令，一眼扫过去，满屏的官司。怪不得股份要找人代持，原来在这儿等着呢。

“他根本没想过还钱，签协议时倒是痛快，人早就算计好了，多少钱都认赔，但问题就是没钱。当时号称注册资本三百万，让我拿三十万持股百分之十对吧，后来我才知道，这公司从头到尾就我一人出了真金白银的三十万，那二百七十万连个影儿都没有，他就是冲我这三十万来的。”

“兄弟，你做律师这么久了，你看看这事怎么整？有啥办法能治他吗？”

听到这儿我终于明白，这确实是个死局。

表面上看，这就是一个再平常不过的合伙纠纷，双方合意办公司，公司经营不善倒闭，实际控制人为小股东兜底，以个人名义回购股份并清算。你说他欠你钱？没错，他确实欠你钱，你去法院起诉，法院也大概率会支持你的诉讼请求，你可以获得一份胜诉判决。

但是，然后呢？你的钱能回来吗？

回不来。

即使进入法院的强制执行阶段，也不过是在对方那本已“疮痍满目”的执行案件清单上，添上不多不少的一笔。说白了，他就是光脚来的，你穿不穿鞋他不在乎。

也许有朋友会说，为什么不报警？你怎么知道她没报警？她确实尝试过，但接警的民警同志判定这是民事纠纷，他们无法干预，建议赵芳通过人民法院维权。

也许还有朋友认为，这不就是典型的刑事诈骗吗？怎么会是民事纠纷呢？对此，我只能说，民事欺诈和刑事诈骗之间的区别与边界，有时候不甚明显，有时候又格外明晰。一个案件到底该以民事手段救济还是刑事手段规制，很多时候，选择权往往不在当事人手中。这需要执法机构根据案情做出专业判断。

所以，这事真就没有太好的办法。

“合着我被他骗钱又骗感情，还没办法治他是吗？这还有王法吗？他不光骗钱，还隐瞒自己的婚姻状况，我以为他是单身未婚小伙儿，单身确实是单身，不过是离异，甚至还有俩孩子，判给他前妻了。对了，你知道他前妻是谁吗？就是那个收我钱的张美霞。该死的狗男人成老赖后银行卡没法用，就拿他前妻当幌子。姐们儿算是被这两口子玩明白了。”

“等会儿？你说他是用他前妻的卡收的钱？”

“对啊，怎么了？”

“要是这样，那这事，还真不一定就彻底没招儿。”

又聊了一会儿，我基本弄明白了来龙去脉。王昊远前些年欠债太多，为了躲债，净身出户，把仅剩的财产和俩孩子留给了前妻。这些年两人虽然没复婚，但也没彻底断了联系。孩子妈征信没问题，偶尔还帮孩子爸倒个钱、过个桥，甚至连公司申请商标时找代理机构的钱，都是张美霞的账户出的。

“关于张美霞跟公司的关联或经济往来，除了那一笔三十万的转账记录，你手头还有没有其他证据？”

“好像就一个她付钱给商标代理机构的支付截图，是王昊远很早之前发到群里的。”

有点意思，事情好像变得有趣起来。

“我大概有个思路，不一定能走得通，能不能把钱拿回来，我也没把握，但最起码能迈出去试试。你要是愿意折腾，那我就跟你展开聊聊；如果你对拿回钱的期望值很高，那哥们儿确实没这个能力给你打包票，要不你就另请高明。”

“哎呀，虽然三十万不算太少，但我确实也没那么差这点钱。我主要是咽不下这口气，不管能不能拿回钱，只要能帮姐们儿出这口气就行，哪怕折腾折腾他呢？别管事能不能成，这事结束后，都请你喝酒。”

“喝酒归喝酒，办案过程产生的差旅费你得付啊。另外，我能要求喝茅台吗？”

“……”

事实上，对是否能拿回钱这事，我确实心里没底，但我也确实想走一步险棋试试。

怎么走呢？

各位知道，王昊远在跟赵芳接触之前就已经成为老赖，在这个前提下，张美霞依旧时常借自己的银行卡给他用，我们可以推定张美霞对王昊远的征信状况是心知肚明的。结合两人之前曾有过多年夫妻关系且育有一子一女，我们有理由相信，这两人很有可能是“离婚不离家”，办理离婚手续不过是为了保全财产而已。

那么，在这种情况下，张美霞明知王昊远因失信而无法从事经营活动，依旧在合作项目开展期间，始终利用其个人账户收取项目相关款项，负担项目的各类开支，我们有理由认为，张美霞的真实身份应该是这个项目的隐名合伙人及财务人员，并且，张美霞作为王昊远曾经的配偶，在明知他已无任何资信能力的情况下利用个人账户为其收取投资款，这种行为本身就有违诚实信用原则，存在明显主观过错。综上，张美霞应该与王昊远承担连带责任。

思路就是这么个思路，听起来很美好是吧？坐我对面喝咖啡的赵芳也是这么认为的。

“对对对，他老婆肯定有钱，让他老婆还我钱。”

“大姐，别高兴太早，我还没说完呢。”

上面的诉讼策略从总体上看，确实值得尝试，但有一个致命的弱点，那就是举证难度大。民事案件奉行“谁主张，谁举证”原则，若是举证不利，哪怕你有满身的道理，恐怕也只能打碎了牙往肚里咽，承担可怕的败诉后果。而赵芳在过去的几个月里，并没能收集到太多有利证据用以支撑上述的诉讼思路，所以我们面临着该如何去举证的难题。

换句话说，证据从哪儿来？

要证明的内容主要有两方面：第一，张美霞是否真如赵芳所说，在公司创立及运营过程中利用个人账户收取相关款项、负担项目开支，这一事实，需要拿到张美霞名下银行卡的流水往来明细进行核查；第二，张美霞和王昊远是否真的曾经存在婚姻事实并办理过结婚、离婚登记，这一事实，需要调取民政部门出具的相应证明进行核实。

“那还等啥呢？咱们赶紧去调呗。”

问题就出在这里。

银行流水单和婚姻登记情况，都是公民极为隐秘的个人隐私，不可能被随意调取。诉讼中，这类证据的调取通常需要当事人或律师向法院申请调查令，法院为律师出具专门的律师调查令，再由律师本人持令到各部门进行调查取证。而调查令的审批与否，裁量权完全在法院，不由律师决定。

根据相关司法解释规定，若是人民法院认为申请调查收集的证据与待证事实无关联、对证明待证事实无意义或者其他无调查收集必要的，人民法院可以不予准许该申请。

也就是说，我们存在调不到证据的可能性，而拿不到这些证据，我们的待证事实就无法证明，也就意味着可能会发生败诉的结果。

“这也是为什么从一开始我就先提示你，这条路子存在走不通的可能性，你必须有心理准备。”

“没事，走不通我也能接受，咱们努力过就好。”

共识达成，那就开始。

起草起诉状，整理证据目录，线上提交立案材料，立案审核通过，熬过调解期，分配承办法官。

熬过漫长的诉讼前期，我们终于正式进入战场。

通过诉讼服务中心拿到承办法官的电话后，我们立刻联系了他，向其阐明我们的诉讼思路及此案调查取证的必要性，希望我们的调查取证申请能得到他的准许。幸运的是，在听取完我们的意见并审核相应申请材料后，他初步同意我们的申请，并向庭长申请签发。

得知消息的我们欣喜若狂，万事开头难，最重要的一步办成了，后续的庭审也许会顺利许多。

可命运总爱开玩笑。

直到法定审核期的最后一天，我们依旧没能等到同意签发的通知，相反，我们等到了一通略感歉意的电话。

“韩律师，不好意思啊，你们的律师调查令申请没能通过审核。我跟庭长汇报后，他认为这些待调取的证据与案件待证事实无关联，没有同意签发调查令。”

“为什么会认为没有关联呢？我们认为很有必要啊，没有这些证据，我们很难证明张美霞在整个过程中起到多大的作用。”

“庭长的意思是王昊远已经同意回购股份并且签署了协议，这件事由王昊远承担责任即可，没必要把简单的事情复杂化。”

“我们当然知道王昊远应该承担责任，可您也知道，他早就失信了，根本没有任何偿还能力，我们拿到一个赢他的胜诉判决没有意义。”

“韩律师，我能理解你的心情，但现在情况就是如此，我也没办法。”

我其实能理解他们的顾虑。对法院来说，如果同意我们的调查取证申请，甚至最后支持我们的诉讼请求，被告方一定会上诉至二审法院；而二审法院是否认可一审法院的裁判思路，是否会推翻一审判决，这本身就存在风险；即使二审法院认可一审法院的思路，维持原判，案件的上诉率考核依旧会受到影响。所以，对一审法院来说，不节外生枝，按照最稳妥的做法判决王昊远自己承担还款责任，是最不可能出错的选择。

每个人都会站在自己的角度考虑，这就是人性。

事情到了这一步，还能怎么办，硬着头皮继续往下打吧，看能不能通过庭审表现说服法官支持诉请；实在不行，还有二审，哪怕是输，也得把权利救济措施用完再输。这是我跟赵芳共同的意见。

开庭传票寄到了律所，庭审的日子很快到来。

我们提前一天到了法院所在城市，上战场前，我给赵芳做了最后一次庭审辅导。我们做好了发问与辩论的各种演练，设想各种可能发生的情形并准备了相应预案，想通过庭审发挥逼对方犯错，看能不能把对方逼进角落，寻找破绽，力求一击必中。

结果，对方两人压根儿没来。

被告缺席，只交了一份书面答辩状，大意是这件事跟张美霞没关系，不该由她承担责任。

开庭现场，法官、书记员、我、赵芳四个人面面相觑，被告席空空荡荡。冬日的南方又湿又冷，还没有暖气，法庭的气温比我的心还要冷。

不管怎么样，该讲的话还是要讲，胜负未分，绝对不能放弃。法庭成了我们原告一方的单方秀场，时间充裕，法官没有不耐烦，我们把所有想要表达的意见都表达了。该讲的都讲完了，还能怎么办，做好上诉打二审的准备呗。

庭审结束，法庭小院外的胡同口，我们吃了碗热汤面，离开了这座城市。

庭后不久，法官打来电话，问是否具有调解意向，如果不排斥，他可以组织双方再安排一次调解。我很感谢这位年轻法官，他认同我们的思路，也在尽其所能让这个案件的处理结果更加公平。我们不抗拒调解，只要能拿回钱，我们不在乎用什么方式。当然，我们也没对调解抱太大希望。

可结果居然调成了。

对方同意凑出现金还款，前提是必须对张美霞撤诉。我们无所谓能否把张美霞扯进这个案件，我们只在乎能不能实现诉讼目的。最终，双方达成合意，案件以调解方式结案，对方把钱打了过来，张美霞没有出现在最后的调解文书里。

这件事，就这么办成了。有些不可思议，又好像是应有之义。

挺有意思的一场官司，曲曲折折，令人肾上腺素波动。

我大概能明白对方为什么在最后关头服软，其中法官的调解意愿起到一部分作用，更重要的是，对方输不起，自然也就赌不起。一旦赌输，张美霞需要背上数十万债务甚至面临强制执行措施，两个孩子的衣食住行及求学势必受到影响，这是他们无法接受的。

更何况，对骗钱这事，这两口子也许确实问心有愧呢。

不管概率大小，只要这官司的一审、二审甚至再审没能迎来最终结局，对方就必须提心吊胆地与我们周旋，我们能拿到的最差结果无非是钱回不来，可这已经是我们的现状，我们没什么可再失去的。换句话说，这场战争，即使赢不了，我们也不会输。

好在，最后我们真的没输。

也许这就是诉讼的魅力吧，一种充满不确定性的胆小鬼游戏，让人动容又使人着迷。即使这么多年过去，我依旧沉迷其中。

赵芳这大傻丫头乐得不行，不光气出了，钱还全回来了，朋友圈动态的往日阴霾不再，她又变成了那个原本的赵芳。我看着她咋咋呼呼的样子，心中实在无奈。

“真是傻人有傻福啊。”

# 如我在诉

如何正确且有温度地适用自由裁量权，如何在最大程度上打击犯罪、实现公平正义，同时兼顾保证司法温度和人文关怀，我想，这对于现代司法来说，是一个较重的任务。

## (一)

王青青是凌晨两点加我微信的，通常，那会儿我应该正跟家里的三只肥猫进行打呼噜大赛，睡得正香。

早上醒来后，我通过了王青青的好友请求，按照惯例，我把自制的案情小问卷发过去，报了个付费咨询的价格，就丢下手机起身去洗漱。依据我多年被蹭咨询的经验，如果咨询者连小问卷上的问题都懒得回答，那么这个咨询大概率是没有任何诚意，也没有任何成交可能的。我一边洗漱一边想着马上要去外地检察院阅卷，来回近六个小时的高铁车程，真是令人头痛。

候车期间，我拿出手机。王青青很认真地回答了我的问卷，但她无法接受付费咨询，径直上来询价。

“您这边如果接手这个案件，需要多少律师费？”

我报出的数字她无法接受，她对律师费的心理预期也远远低于我的心理底线。我心想，这大概率又是一次无效咨询线索吧，算了，买卖不成仁义在，不委托也无所谓。

王青青是从网上找到我的。在日常办案之余，我偶尔会写一些专业文章或办案分享发到网上，一来是对办案做总结，二来也是为获客做准备。王青青不知道读了我的哪篇文章后找到我，这也算是一种缘分吧。

王青青的老公邹争因涉嫌刑事犯罪被警方采取强制措施，身陷囹圄已有半个月。此时的王青青身怀六甲。

在沟通的过程中，我原本以为王青青会被我的高价吓退，但她没有。她依旧与我保持联系，试图委托我。但很遗憾，双方对于律师费的价格实在达不成合意，我暂时放下这件事，去忙手中其他事。

办理刑事案件的时间过得格外快，就好像着了火的枯草原，还没回过神，就烧完了。忙完手头的事，已经是两天以后。吃饭间隙，手机里又跳出那个熟悉的头像。

“韩律师，能再便宜点吗？”

我不是个善于讨价还价的人，但我不知道该怎么回复她。

其实王青青的亲戚给她推荐了做律师的老乡，收费比我便宜，但她近乎固执地坚持要委托我，我不太懂她对我的这份信任到底从何而来。

我终究还是被她打动了，开始起草合同，以近乎法律援助的价格接下了这个案件。

截至合同签署前，我跟王青青都没见过面，甚至，她连屏幕对面是男是女、是人是鬼都不清楚。而现在，她要把自己的至亲托付给我这个未曾谋面的网友。

我感叹她的单纯，也珍视这份来之不易的信任。打款前，王青青突然给我发来这么一句话。

“您的律师证能拍给我看下吗？”

“如果我是骗子，你觉得我会连张假律师证都不准备吗？”

“好像也是。”

话虽如此，我还是把律师证拍照给她发了过去。

款项到账，合同签完，办好手续，出发会见。受疫情影响，王青青无法赶到异地为丈夫送去衣物钱财，这些事自然由我们代劳。我想尽可能做得多一点，因为我知道，这样可以让远在千里之外的孕妇少担心一些。

在当时，王青青是第一个没见过我面就敢给我打律师费的当事人。我无法想象，对于一个没有收入的孕妇来说，要有多深的信任，才能隔着网络不惜一切将自己为数不多的积蓄交付。

我不懂她对我的信任从何而来，但我很珍重这份信任。

## （二）

守在逼仄的派出所传达室近三个小时，我终于接到了王青青的丈夫邹争。

晚上八点半的偏僻街道少有车辆，零零星星的行人伴着夜色走过。邹争穿着破旧的衣服和拖鞋，在看守所待了三十六天的他，对于这个熟悉而陌生的世界有些不适应。他将手上紧攥的没收保证金决定书、收取保证金通知书、取保候审决定书、释放证明书一并递给了我。

"韩律师，这些文书您帮我收好吧，后续可能还免不了继续麻烦您。"

邹争这次被抓是因为违反了取保候审规定，三次传唤不到案，也就是我们常说的"脱逃"。

邹争是A市人，半年前，他因为涉嫌一起刑事案件被B市警方采取强制措施，后被变更为取保候审，保证金一万元。民警离开A市前叮嘱邹争，案件尚在侦查中，要保持联络畅通，随传随到。

一个月过去了，邹争没有收到民警的来电。

"我当时想，他们可能是把我忘了吧，也可能是这案子结束了，我也没太在意这回事。当然，自己也存在一点侥幸心理，现在是真的后悔了。"这是后来我会见邹争时，他跟我讲的话。

事有凑巧，这时候邹争的手机丢了。

王青青怀孕的消息让邹争开心又慌乱，对这个小家庭来说，这是近几年来为数不多的好事。

邹争细心而笨拙地努力照顾妻子的生活起居，一时间没有抽出时间去补办手机卡。

事情的走向从这一刻起开始不可控。

B 市警方试图联络邹争未果，便将电话打给了另一个联系人——邹争的父亲，告知他儿子的案子侦查终结，即将移送检察院审查起诉，需要邹争到 B 市配合做笔录。

作为一个久谙世事又没什么文化的老年人，邹父当即断定，B 市警方没怀好意，之前的小事自己早已为儿子交过一万元破财免灾，此次传唤必定凶多吉少，搞不好是有人想打秋风。

他决定把警方传唤的事隐瞒下来。甚至，在民警再次打来电话催促时，他痛骂对方一顿后挂断了电话。

三次传唤不到，实质上已构成脱逃。七月初，B 市警方发出网上追逃，七月末，邹争在家中被 A 市公安当场抓获，送往 B 市某看守所羁押。

邹争被抓半个月后，王青青找到了我。接手案件后，我第一时间安排会见并向 B 市公安递交委托手续、了解案情，得知邹争的脱逃极大耽搁了他们的办案进度，这次他们一定会将此案报送检察院审查逮捕。

头痛，棘手。

难办。但还是要办，王青青还在家里等着邹争，七个月的孕妇没人照顾，我不敢想。

同事们一起聊了下这个案件，每个人都很悲观，脱逃后再取保的概率，太渺茫了。

明知不可为而为之，有时候律师的工作就是这么辛酸。

半个月时间如电光石火，在这期间，我们为邹争在看守所预存了衣物和生活费，剩下的就是起草不予逮捕的申请书，想尽办法说服检察官不批准逮捕。

案件的事实和证据都没有实质性变化，半年前的邹争没有社会危险性和羁押必要性，半年后依旧一样。这是我们的观点。

但这个观点很可能站不住脚，取保候审期间脱逃，正是社会危险性的一种体现。拿单薄的刑法理论去说服检察官，得到的只能是自取其辱般的案件结果。

三次传唤不到虽是事实，但邹争的情况能否解释为“并未恶意逃避监管”呢？自第一次取保候审以来，邹争都稳定居住生活在A市家中，从未离开本市，无论是主观还是客观上，他都没有脱逃的故意，只是一系列的意外和误会，导致了今天的后果。

这些东西能说服审查逮捕的承办检察官吗？我没有信心，这些东西甚至都说服不了我自己。

我开始试着换位思考，如果我是检察官，我会怎么办。

这个案件本质上属于可捕可不捕的情况，但如果没有其他特殊原因，换我是检察官，我可能也会批准逮捕。原因很简单，综合考量，批准逮捕的风险是最小的。

犯罪嫌疑人已经脱逃一次（脱逃的原因并不重要），逮捕的必要性解决了，不会有抓错人的风险；逮捕之后，自己提审和审查起诉的进度完全可控，不会存在传唤不到、耽误办案进度的风险；疫情反复，A市上个月又有本土确诊病例，如果再次出现疫情管控，办案进度势必受影响；万一的万一，邹争再次脱逃，说明自己放错了人，则工作考核势必受影响。

无论怎么看，逮捕都是最稳妥的决定。

事实上，这也是我与检察官初次沟通时，她向我传递的讯号。

可捕可不捕，从严把控总是没错的。对办案人员来说，在自由裁量幅度内，手重总比手轻要安全。

我开始试着逆向思维，除没有社会危险性、羁押必要性之外，我想试着告诉检察官，放人的必要性。

王青青怀孕七个月，之前一直由邹争贴身照顾，邹争被抓后，婆婆来到武汉接替邹争。但意外总是接踵而至，婆婆爬楼梯时摔倒骨折，王青青反而要照料婆婆。

王青青早年丧母，老父亲独居乡下。小两口的经济状况捉襟见肘，无力雇用月嫂或保姆。事实上，除邹争以外，再没有人能来照顾王青青。

我将王青青怀孕以来的孕检报告作为证据材料附在

律师意见后，除此之外，我还补充提交了 A 市所在省卫健委近一周没有本土确诊病例的通告，旨在消解检察官对于疫情影响案件进度的担忧。在律师意见的最后，我向检察官保证邹争不会再有失联的情况发生，我会一直与家属保持联系，直至案件结束。

意见提交了，能不能成功，我不知道。

等待是煎熬的，七天的审查逮捕，我从来没觉得有这么漫长，基本以每日一个电话的频率去催问结果，但总是得不到确定的答复。

直到第六天晚上，办案民警发来消息，让准备五千元取保候审保证金。

成功了。

感谢有担当且有人文关怀的检察官，王青青终于有人照顾了，我心想。

讲到这里，我觉得有必要聊点其他的。我们要知道的是，无论是刑法、民法，还是行政法，仅就这些部门法本身来说，它们只是确切的、冷冰冰的法条，而法律的实施，是通过活生生的人来实现的，是要通过一线民警、检察官、法官和律师等职业去让“静止”的法律条文动起来的。法律或许存在滞后、僵化且机械的部分，这由客观情况导致，我们无法改变。我们能做到的是，在选择适用法条时，尽量不机械地进行司法活动，尽量不僵化自己的司法动作。在司法活动中，自由裁量权是无法被消除的，而如何正确且有温度地适用自由裁量权，如何在最大程度上打击犯罪、实现公平正义，同时兼顾保证司法温度和人文关怀，我想，这对于现代司法来说，是一个较重的任务。

我们要牢记一句话：人只应作为目的，而绝不应作为手段。先进的刑法理论和传统朴素的正义观在绝大部分时候并不冲突，人民群众虽然不能对高深的刑法理论信手拈来，但他们的直觉和反应，有时候也代表了一定程度上的主流价值判断，这对司法并非全无益处。

后续，这个案件也按部就班走流程到结案，法院判处邹争有期徒刑十个月，缓刑一年，并处罚金两千元。

而在这个过程中，王青青也顺利生产，给邹争带来一个可爱的小公主。

## （三）

在过去的很长一段时间里，我时常陷入自我怀疑的状态。受挫于部分案件结果的不理想，我偶尔会自暴自弃地认为，刑事案件中的律师作用可能真的如大家所讲，只存在于形式层面，而非实质层面。我一面受挫，又一面不服输，所谓的价值和理念总是苦苦追寻而不得。

我们真的有价值吗？我们真的对得起当事人给的律师费吗？这些灵魂拷问我无法回答。这个案件就像是溺水之际的救生圈，让我暂时得到了喘息，也短暂触摸到价值的温度。

我开始正视自己这份工作。律师在刑事案件，甚至是所有案件里，从来不会起到决定性的作用，无论是裁判权还是检察权，都不在律师手中，这并不代表着律师的工作没有价值。我们无权左右案件走向，但我们的努力并不是毫无意义。在刑事案件中，律师的作用是有价值、有意义且无法替代的，这也正是刑事诉讼结构与程序如此设计的原因。

我终于坚信，我们的工作是有价值的。

# 我选择不起诉

互殴与防卫本是对立关系，只有该认定为互殴的认定为互殴，该认定为防卫的认定为防卫，才能精准打击违法犯罪行为、保护公民的合法权益，才能捍卫“法不能向不法让步”的法治精神，才能呵护司法公平正义。

在纸上按完最后一个手印后，这个满脸倦色的中年男人头也不回地走出了检察院的大门。

十月底的深秋时节，苏北平原的空气里已带有丝丝寒意，冷不丁一阵阴风吹过，直叫人打寒战。

彭海不是本地人，之所以携家带口来到 A 市，是因为他在 A 市某村包了五百亩地。仅仅是照料收拾这五百亩土地，就耗去了彭海夫妇两人的所有精力。辛苦是辛苦，但好在一年到头忙活下来，收获还是挺能宽慰人的。

彭海在这个村子包地、种地已有四年，在当地，他是小有名气的包田大户，村子里老老少少都认识他。可认识归认识，本村人的排外和人性的丑恶，彭海是一点没少体验。俗话说，人怕出名猪怕壮，你日子过得好，旁边人难免不眼红。

地头田间种的黄瓜、番茄动不动被人捋走一些，抽水、浇水的管子时不时丢失一盘，虽然东西不值钱，但总碰到这种事，既影响心情，又影响田间作业进度。并且，该村似乎有着欺负外地人的“传统”。据传，在彭海之前的上一任包田大户之所以离开，就是因为刚收获的几千斤粮食被一夜偷净，事主报警无果，绝望至极，将土地转手后离开。

彭海吸取了前辈的教训，在田头自住的房屋门口装了一个摄像头，正好能覆盖自己五百亩田的一半区域。摄像头开始工作后，灌溉设备丢失的情况少了很多，偶有瓜果蔬菜被“随手摘一点”，彭海也就只当没看到。没办法，在人家的地盘上混口饭吃，有些事只能睁一只眼闭一只眼。

这天，彭海吃完午饭，准备带着老婆去田里看看还有什么活计需要收拾。走到距离自家田埂还有八九十米的时候，彭海夫妇发现好像有个黑影在自家萝卜地里忙活些什么，黑影一边忙着拔萝卜，一边忙着把萝卜装进自带的塑料桶，桶旁散落着一地的萝卜缨子。

“老公，有人在偷咱家萝卜！”

这次的性质不同于之前那些“随手摘一点”的行为，大白天带着“装备”一堆一堆地拔萝卜，如果纵容这种事情继续下去，彭海夫妇很可能会一年白干。

“偷萝卜的，不要走！”彭海夫妇一边喊一边加快了脚步。黑影闻声，提桶就跑。

步履蹒跚的黑影终究敌不过正值壮年的彭海夫妇，不多时，他被彭海两口子堵在了路中间。看清楚黑影是谁后，彭海立刻掏出手机报警，并打开手机录像功能。原来，黑影是村里有名的吴癞子。吴癞子快六十了，赖了一辈子，这次碰上他，真麻烦了。

果然，吴癞子不承认自己偷萝卜，并在刚才跑动的过程中将偷来的萝卜都倒进了路旁的废水沟里，此时，吴癞子手里的桶已经空了。

吴癞子一直试图逃离现场，但都被彭海老婆挡下了。逃跑未果的吴癞子失去了耐心，嘴上开始骂骂咧咧，手上也逐渐有了推搡的动作……

我第一次见到彭海，已经是元旦后。元旦前几天，他被 A 市公安局某区分局以涉嫌故意伤害罪取保候审。

吴癞子断了两根肋骨，经鉴定，已构成轻伤二级，正好达到故意伤害罪的立案门槛。数次提审，彭海都坚持不认罪，甚至连讯问笔录都不愿签字。

彭海递过来一部手机："韩律师，这是案发现场我拍摄的全程视频，你看一下。"

我点开了播放键。

视频的开头正如前文所述，一个老头鬼鬼祟祟地在田间拔菜，彭海夫妇追上去交涉，老头欲逃走被彭海老婆拦下，老头骂人并动手，彭海老婆未还手。恰逢一老大爷路过，彭海夫妇拉住老大爷评理，老头趁机逃走。

"这个逃跑的老头就是吴癞子吧？"

"没错，是他。"

"他不是逃走了吗？怎么会受伤？"

"您接着往下看。"

视频显示，在彭海夫妇拉着老大爷评理、走访现场的过程中，吴癞子带着一个年纪相仿的妇女又返回了现场。双方碰面之后，吴癞子两人二话不说，上来就打，在这个过程中，吴癞子试图抢走彭海正在录制视频的手机未果，一急之下把彭海的手机打翻在地。

视频中断了。

“吴癞子离开现场后怎么又回来了？他带的那个女人是谁？”

“那个女的是他老婆，他返回来是因为我们报警不让他走，让他难堪，他要回来报仇。”

“他把我的手机打掉了，还掰我的手指，我没办法，就踢了他小腿两下。后来，吴癞子和我老婆厮打在一起，再后来警察就来了。”

“吴癞子一口咬定你踢了他肋骨三脚，有这回事吗？”

“没有，我没有踢他的肋骨，我只踢过他的小腿，而且是因为他掰我手指、抢我手机，我没办法才踢的。”

“那他的两根肋骨是怎么断的？”

“后来我跟我老婆回忆，应该是吴癞子跟我老婆厮打过程中，我老婆不小心踩到他的身上导致的。”

我跟着彭海夫妇重新走访了一遍案发现场，几个疑点在我脑中浮现。囿于程序限制，这些疑点要等到案件移送检察院审查起诉，我拿到本案案卷后才能一一核实。

当务之急，要先去一趟派出所，看看办案民警对本案的态度如何。

冬雨淅淅沥沥，田间小路上到处都是泥水，我深一脚浅一脚踩到了派出所。镇里的派出所是座老楼，正式编制加上辅警，也才十几人。接待我的警官是个年轻人，也许是镇里村外鸡毛蒜皮的基层出警生活耗去了他绝大部分耐心，对于律师的突然造访，他好像并不是很欢迎。

“这案子还请什么律师啊？赶紧认罪认罚，把钱赔掉，获取被害人谅解，争取个缓刑算了。”

“王警官，我认为这案子还是不同于普通的故意伤害案件的。被害人偷菜在先，存在过错，多次挑衅，逃离现场后带人再次返回现场动手打人，种种行为表明，本案犯罪嫌疑人彭海不应该被以涉嫌故意伤害罪立案追诉。另外，本案证据里可能存在的一些问题也需要注意。”我边说边把委托手续递过去。

“被害人受伤了，轻伤二级，这就达到故意伤害罪的立案门槛了，我们肯定要立案。至于你说的证据问题，这伤如果不是彭海打的，难不成还是吴癞子自残？”王警官接过手续不耐烦地说道。

“被害人的过错是不是也要考虑？毕竟这事是吴癞子偷菜引发的。”

“拔两根萝卜而已，有必要那么大惊小怪吗？这算什么过错？打人了就要赔钱，有请律师的钱还不如把钱赔给被害人，这案子没什么可讨论的，我建议你回去劝劝彭海，早点赔钱认罪，这样最后判个缓刑就不用坐牢了。先这样吧，我还要忙。”

早已习惯这种待遇的我，只能讪讪一笑，转身离开派出所，冲进了雨里。

一晃又是三个月，初春的苏北，天气还是很冷。得知案件已经移送检察院审查起诉后，我第一时间赶到当地，复制全部案卷并拿到了本案的具体承办检察官的联系方式。

终于可以窥探本案的全貌了，我心想。

几乎是马不停蹄的一周，我将案卷前前后后仔细翻看了五遍，并据此撰写了共七页近五千字的辩护意见。同时，我还根据案卷材料制作了案发经过图，连同着调取证据申请书，一起寄给了检察院。

核心的辩护观点是，本案事实不清、证据不足，部分证人证言是和被害人存在利害关系的证人所出具的，真实性存疑，在案证据无法证明彭海有故意伤人行为，即使在双方冲突过程中吴癞子受伤，也应当认定彭海夫妇为正当防卫，毕竟被害人逃跑后再次前来挑衅，这对矛盾的引发和激化有着直接的推动作用。面对紧迫的不法侵害，彭海夫妇还手自卫是不得已而为之，建议检察院对本案作法定不起诉或存疑不起诉。

辩护意见寄出第二天，我接到了来自检察院的电话。

“韩律师，你的辩护意见和其他材料我都收到了。这个案子我们是这么考虑的，证据嘛，肯定是足够定罪了，但是考虑到被害人过错，加上被害人对矛盾激化要承担主要责任，我们想对本案做相对不起诉，前提是你们要把被害人的医药费等损失赔偿掉，获得谅解。你也跟你的当事人商量一下，好好考虑一下，好吧？”

“你怎么想的？”

“我不想认罪，我没有打人。韩律师，你的建议呢？”

“不管你怎么决定，我都支持你。你决定不认罪，我就做无罪辩护，哪怕一审判定你有罪，二审我免费法律援助也会帮你把这个案件跟到底。你如果决定妥协，我就配合你去谈和解，尽可能少赔偿一些。你不要急着决定，想清楚再告诉我。”

几天后，彭海打来电话，称吴癞子狮子大开口，医药费只花了两千元，但要求我方赔偿十一万元，其中大部分是所谓的精神损失补偿。彭海称，自己已经下定决心，做无罪辩护，即使判决结果不能尽如人意，他也已对最坏的打算做好准备。

得到确定回复后，我急忙安排团队律师召开案情探讨会，协商敲定本案审判阶段的无罪辩护方案。经过数天的协商沟通，我们最后拿出了三种无罪观点的辩护词，并做好了审判阶段各项辩护工作的分配。

检察院调解不成，也没能说服彭海认罪认罚，最终还是决定对本案提起公诉。量刑建议提前告知了我方，在不认罪认罚的情况下，建议量刑有期徒刑六到八个月，实刑。

我们也初步拟好了审判阶段的各种材料，包括申请被害人及证人出庭、申请调取新证据、我方掌握证据的证据目录等等。辩护词的思路也经过了一遍又一遍的打磨。

剑拔弩张，一触即发。

可预见的一场恶战似乎不可避免。

在这个节骨眼上，彭海的老婆生病，住院手术了。

吴癞子可能也知道自己索要天价赔偿不现实，又托人来说和，称给四万元就愿意给出谅解书，不再追究彭海责任。

彭海犹豫了。

老婆生病，孩子不在身边，自己的一审判决如果不利，立刻会被羁押，后续的二审和再审申诉更是持久战。

谁来照顾老婆？谁来伺候地里的庄稼？谁来照应自己入狱后的上诉和申诉？

彭海问我该怎么选，我像上次一样回复他。你不认罪，我坚决为你无罪辩护到底，哪怕二审、再审；你认罪，我去为你见证认罪认罚，协助你走完所有流程。

彭海最终还是妥协了。

五月初的苏北，虽已立夏，但依旧需要裹紧外套。同班次的几个小哥上身只有一件短袖，离开车厢的他们全身缩成一团，急忙出站寻觅出租车的温暖。

我这次来，是作为辩护律师见证彭海认罪认罚过程中的真实性和自愿性。具结书上的“相对不起诉”字眼，似乎有些刺眼。全程同步录音录像，按部就班，彭海如同一个提线木偶，配合走完了本案的最后一步程序。在纸上按完最后一个手印后，这个满脸倦容的中年男人头也不回地走出了检察院的大门。

送我去高铁站的路上，彭海问我，如果下次再碰到这种事，自己该怎么处理？报警没用，拍视频也没用，有监控录像也没用，别人打上门来都不能还手，还能做什么呢？是让他们尽情地偷，然后像上一任包田大户一样灰溜溜地离开吗？

我沉默了。

一周后，彭海收到了检察院的不起诉决定书。

“昆山龙哥反杀案”后，各地又涌现了一批典型案例，随后“正当防卫条款”成为热门词，在实践中，这个条款的适用情况如何，我想大家心里都有一杆秤。在文章的最后，我想以《法治日报》登载的《“吐口水”正当防卫案是一堂法治课》一文中的一段话作为结尾。

并非所有的相互动手都是“互殴”；并非因相互动手受到伤害或受伤较重或死亡的一方都是受害者，看似吃亏的一方也可能是侵害方；有时候，参与“互殴”的一方很可能是在正当防卫。在我国的司法实践中，相互动手大概率会被认定为互殴，因相互动手导致对方受伤或死亡的一方很容易被定性为故意伤害，这也就意味着，互殴认定被扩大化了，压缩了正当防卫或防卫过当的认定范围。互殴与防卫确实相似，容易混淆，但也有明显的区别点——互殴是“不正”对“不正”，防卫则是“正”对“不正”；侵害一方先动手，或推动冲突升级，防卫一方后动手，处于被动状态；互殴双方都有斗殴的准备和意图，都有加害的主客观表现，防卫一方则即时采取反击措施……

司法机关有必要进一步勘划互殴与防卫的界限，明确对应的具体认定条件、标准和情形，并发布相关指导性案例。互殴与防卫本是对立关系，只有该认定为互殴的认定为互殴，该认定为防卫的认定为防卫，才能精准打击违法犯罪行为、保护公民的合法权益，才能捍卫“法不能向不法让步”的法治精神，才能呵护司法公平正义。

我只希望，彭海的田，能好好地继续种下去。

# 故意杀人案

如果法律允许她活着，那任何人都没有资格要求她去死，这就是法律存在的意义。

多年前的夏天，律所接到来自法律援助中心的指派，有一桩故意杀人的案件需要法律援助律师介入，我恰好当时手头要忙的事情不多，于是便成为这起案件的主要承办人。

犯罪嫌疑人名胡玲，三十岁，来自南方某省，无业，公安机关的起诉意见书指控她以溺死的方式亲手杀害了自己的一儿一女，其中女受害人时年三岁，男受害人时年一岁。

我是在检察院审查起诉阶段介入这个案件的，在这之前，公安机关已经通过几个月的严密侦查，固定了绝大部分证据，侦查结束后将本案移送到检察院审查起诉。我要做的工作就是从这些案卷中挑毛病、找漏洞，想办法在法律允许的范围内为胡玲争取最轻的惩罚。

如果更直白些说，那就是帮她保命。

在刑法实践中，一般认为故意杀人、故意伤害一人死亡的为后果严重，致二人以上死亡的为犯罪后果特别严重。而犯罪后果特别严重的情形，是很有可能被适用死刑的。也就是说，从某种角度上来讲，胡玲的命就在我手上。努力为她保命，也就成了我心中最重要的目标。

努力帮助一个杀害两人的杀人犯保命，虽然对大多数群众来说这种做法听起来难以接受，但这就是辩护律师的职责。我不愿意用那些冠冕堂皇的理论去说服别人或自己，我的工作有多么神圣或多么有价值，抑或是站在人群对立面彰显“虽千万人吾往矣”来自我感动，我只知道，如果法律允许她活着，那任何人都没有资格要求她去死，这就是法律存在的意义。

指派手续办理妥当后，我第一时间到检察院调阅本案全部卷宗，并在最短时间内前往看守所会见胡玲。这些动作完成后，我才弄清楚这起案件的原委。

胡玲杀害的是自己的亲生儿女吗?

根据侦查卷宗里被害人与犯罪嫌疑人DNA比对的鉴定意见，被害的一对儿女是胡玲的亲生孩子。

胡玲为什么要杀自己的孩子，不是说虎毒不食子吗?

我在寻找这个答案。

我开始一遍又一遍地阅卷，在这一遍又一遍查阅案卷的过程中，我不停寻找案件证据的薄弱点，从法律上和情理上寻找有利的辩护点，同时想办法弄清楚胡玲杀害子女的原因与真相。

胡玲是二婚，现任丈夫叫胡有才，比她大十五岁，两人前几年组建了家庭并领取了结婚证。在怀上胡有才的第一个孩子后，胡玲就来到了A市，跟胡有才的大哥大嫂住在一起，生娃、养娃，后续又有了老二。胡有才常年在外地打工，跟胡玲聚少离多，两个人沟通很少，基本都是通过电话沟通，感情比较淡，偶尔打电话也多数是在吵架。

胡玲没有工作，没有固定收入，日常带孩子的生活花销主要靠胡有才供养，但胡有才挣钱也不多，所以能给胡玲的也很少。胡玲一个人带俩娃生活比较艰难，好在有大哥大嫂帮衬，日子也算过得下去。

案发前一天，胡玲跟胡有才通过电话大吵了一架。

案发当天，胡玲一早就牵着三岁的大女儿，背着一岁的小儿子出去散步，路上女儿吵着口渴，胡玲还买了一个西瓜，带着孩子走到江边，吹吹风，发发呆，吃吃西瓜。吃到一半，胡玲把西瓜放到一边。她先把女儿抱起来，头浸在江里，直到女儿窒息溺死停止挣扎，接着，又以同样的方式溺死了儿子。

做完这些事后，胡玲坐在江边把没吃完的西瓜吃完，又发一会儿呆，然后把两个小孩子的遗体抱到江边绿化景观带旁，埋在土里，并在上面盖了一些垃圾和别人丢弃的旧衣服。做完这些事后，太阳已经下山，她歇了歇，回家了。大哥大嫂看到她孤身一人回来，追问孩子下落，胡玲避而不谈。寻觅无果后，大哥大嫂报警，警方立案侦查并对胡玲采取强制措施，此案案发。

这些都是我从案卷里胡玲、胡有才及其大哥大嫂的笔录中复原得到的案情。而胡玲那些笔录，是在她清醒的时候做出的。

为什么说是她清醒的时候，难道她有不清醒的时候吗？

是的，她有不清醒的时候，而且不止一次。

我在会见胡玲的时候，明显能够感觉到与她在沟通上存在障碍，她的理解能力和反应都与常人相异，我与她的对话很难在一个频道上。我无法判定她是一个正常人，换句话说，我怀疑她的精神方面可能存在问题。

事实上，这种怀疑不仅我一个人有，民警和检察官同样如此。以正常逻辑来说，我们很难相信一个正常人会残忍杀害自己的亲生骨肉，甚至还连续杀害两个。因此在本案侦查初期，公安机关就对胡玲做了一次精神鉴定，但鉴定意见称胡玲是正常人，是完全刑事责任能力人，所以她要像正常人一样承担刑事责任。

问题来了，漏洞也来了。

在案卷的查阅中，我详细阅读了胡玲精神病鉴定意见，发现法医在对胡玲进行相关测试时，因胡玲不配合或沟通存在障碍，没有将测试程序进行到底，缺失了部分重要的测试环节。而法医在此情况下竟然做出了胡玲智力正常、具备完全刑事责任能力的结论，我对这个鉴定意见是无法接受的，这太不严谨了。

这是保下胡玲性命的关键点，我以鉴定意见存在严重程序瑕疵为由，向检察院提出对胡玲重新进行精神鉴定的律师意见。检察官十分严谨且负责，很快安排了对胡玲的重新鉴定。新的鉴定意见在一个月后出炉，该意见显示，胡玲系智力低下。虽然不能以胡玲不具有刑事责任能力为由送她去强制医疗，但有了智力低下的结果，主观恶性层面就有了可辩驳的理由，保命的概率就大了一些。

那胡玲的杀人动机是什么呢？说来可能让人难以理解，胡玲在清醒的时候供述，她跟现任丈夫感情出现问题，两个人很久不见面，一打电话就是吵架，抚养两个孩子太累太苦了。生活很苦，孩子也一直生病咳嗽，不知道该怎么治、去哪里治，也没有钱去治，每天去诊室带孩子打吊针很累。她不想再待在A市了，想离婚回老家，在走之前要把两个孩子处理掉。

民警问她为什么不把孩子留给男方或留给大哥大嫂，为什么一定要把孩子杀死？

她沉默了，没再回答民警的问题。

除精神鉴定外，从犯罪动机入手进行辩护也是我在考虑的点。办理这类案件，不得不提，也根本无法绕过2005 年那起震惊全国的溺婴案，胡玲的案件和那起案件在作案手法、动机和情节上都有着高度的相似性，我不得不参照该起案件来挖掘本案的辩护点。

各位读者也许不太了解这起二十年前的案件，我为大家介绍一下。2005 年，三十一岁的周某某和其丈夫共同抚养着三个孩子，其中最大的女儿四岁，最小的女儿事发时还未满九个月。家里的日常开销都靠丈夫打建筑散工所赚得的微薄工资，月收入仅一千多元，生活艰苦。2005 年 7 月，周某某的小女儿感冒发烧，久治不愈，周某某一方面心疼孩子受苦，另一方面又焦虑于家庭开支，医药费让这个本就艰难度日的家庭雪上加霜。7 月 20 日晚，周某某将女儿遗弃于家门口的河道里……2005 年 12 月 7 日，广州市中级人民法院对这起案件进行了审理。庭审结束后，周某某的丈夫含泪表示原谅她，两人在法庭上相拥而泣。这一幕让公诉人都泪洒法庭。一审出庭支持公诉的检察官从案件中感受到了周某某身上背负的沉重压力——孤独、压抑、郁闷、辛劳……在庭审时，检察官在公诉词中流露出了对周某某家庭不幸的同情，并当庭向法官求情轻判周某某。鉴于周某某杀害亲生女儿的行为，已获得丈夫的谅解，因此法院决定对其酌情减轻处罚。据此，广州市中级人民法院以故意杀人罪判处周某某有期徒刑十一年。

宣判后，周某某丈夫认为“判得重了些”，周某某上诉。最终，二审法官将刑期改判成六年，判决书载明理由是“周某某犯罪情节较轻，根据本案的具体情况，依法可以从轻处罚”。

站在二十年后的今天，我们知道周某某之所以能够获得这么轻的处罚，与当时的各种因素有关。在一般的非舆论案件里，想要获得破格的案件结果，没那么容易。

具体到本案中，胡玲和周某某的犯罪动机有一定的相似之处，家境和生活压力也部分雷同，这让我看到了一些争取从轻处理的希望。

我们知道，在司法实践中，对于生母溺婴的情形，即出于无力抚养、顾及脸面等主观动机，而将亲生婴儿杀死的案件，一般会在量刑时跟那些性质恶劣、影响恶劣的故意杀人案件相区分，对于这种案件，一般可以不处以死刑。我在辩护词中提到了周某某溺婴案的情况，恳请法官考虑胡玲的生活压力和其智力所能承受的生活负担上限，对胡玲从轻处罚。

同时，胡玲的丈夫胡有才作为两位被害人的家属，愿意对被告人，也就是自己的妻子胡玲出具谅解书，对胡玲表示谅解。

综合以上情节，我有信心了，胡玲应该不会死。

庭前我跟检察官沟通，她对本案的理解跟我基本一致，也没有一定要向法院求判死刑的意愿，开庭很顺利。

一个月后，一审判决书寄到律所，法院以胡玲犯故意杀人罪判处其无期徒刑。胡玲的命保住了，这个案件也算是获得了有效辩护的结果。

后续我按部就班整理卷宗材料，归档，结案。这个案件结束了，不会再出现在我的生活中。

可不知道为什么，我脑海里总是会回想起这个案件，想起胡玲的供述，想起案件里的种种细节。我总是一遍又一遍地回想这个案件的各个细枝末节，突然有一天，我像是被闪电击中了一样，脑海里的一些东西突然匹配上了，我感到毛骨悚然。

前面提过，胡玲是二婚，在遇到胡有才之前，她有过一段婚姻。在那段婚姻里，她和前夫也生了两个孩子，都是女儿。她结婚比较早，在大女儿四岁、小女儿两个月的时候，胡玲跟前夫提出离婚，大女儿归前夫，小女儿归胡玲。大女儿今年已经九岁了，而小女儿不见踪影。在笔录里，胡玲提到这个小女儿在不到半岁的时候就病逝了，自己随便找个地方把她埋了，然后嫁给了胡有才。问她小女儿埋在哪儿，她只是含糊说记不清了。

我们在前面提过，胡玲杀掉一对子女的动机就是跟胡有才过不下去了，要离婚，所以离婚之前要处理掉两个孩子，而胡玲本人又存在智力低下的情况，这意味着她思考事情的逻辑和方式都跟我们常人不一样。

想到这里，我已经开始冒冷汗了。

我不得不大胆设想，会不会有这么一种可能：在胡玲的思维逻辑里，离婚就是要把小孩子处理掉，不然带着孩子会很烦，小孩子会生病，会影响自己跟下个人结婚。所以，离婚意味着一定要把孩子处理掉。

那我们不得不提出一个问题，胡玲跟前夫所生的，抚养权归胡玲的小女儿，是不是也被胡玲以这种方式处理掉，彻底消失在这个世界上了呢？而胡玲四个孩子里唯一的幸存者，可能是因为侥幸跟随爸爸生活，才幸免于难。

时间过去太久，相关证据早已灭失，重新侦查的可能性也几乎为零。这个问题，也许永远都不会有答案了。

# 我不是妈宝男

女性一定要成为自己的靠山，要有独立的经济能力。事业才是生存的生命线，如果没有工作，不光会在日常的生活中处于弱势，一旦离婚，也可能面临不利局面，没办法，没有收入，底气也就不足。更极端的情况是，如果长期做家庭主妇，很可能连离婚时聘请律师的律师费都拿不出来。

侯梦颖来找我的时候，手里拿着一个 EMS 的快递文件袋，里面装着法院的传票，以及刘鸿亲笔所写的离婚起诉书和证据清单。传票上显示，她和刘鸿的离婚纠纷案件，下个月10号开庭。很明显，侯梦颖是第一次当被告，局促不安的她对即将到来的这场官司没什么准备。刘鸿是起诉离婚的原告，也就是侯梦颖的丈夫，至少目前仍是。两人是大学同学，结婚好几年了，目前双方育有一个儿子。结婚后，刘鸿的妈妈，也就是侯梦颖的婆婆，为了方便照顾孙子，搬过来跟小两口一起住。

我们都知道，在中国，婆媳关系永远是家庭生活的重头戏。婆媳关系的发展情况，很大程度上能决定婚姻关系的走向。侯梦颖和婆婆自然也不例外。

我看得出来，侯梦颖其实并不想离婚。

他们小两口关系恶化的主要原因，还是婆媳关系不太顺。生完孩子后，侯梦颖和婆婆经常在带孩子的方式和教育方法上产生分歧，时不时吵架，发生摩擦。按理来说，这并不算什么大事。坏就坏在，刘鸿没有扮演好他的角色，错误的行为和倾向，打破了婆媳博弈关系间的平衡。

按常理来说，在这种情况下，身兼丈夫、儿子双重角色的男人，话当然是越少越好，做好两边的出气筒和受气包，在各自面前多拣几句爱听的话说，多数时候，日子也就磕磕绊绊地过去了。

可刘鸿好像不懂这些，他每次都坚定地站在自己母亲那边。而天平失衡的后果就是天平上的水晶砝码被摔得支离破碎。婆媳之间的争吵次数越来越多，甚至演变成大打出手，所住小区的管辖派出所不止一次出警。

这次刘鸿提起离婚诉讼，到底有没有婆婆的鼓动和教唆在里面，很难说。

我在接待侯梦颖的时候很严肃地问过她几个问题。

“你同意离婚吗？”

“同意吧，确实也过不下去了，每天都在打架吵架。”

“刘鸿说他要拿走百分之七十的房产份额，并且儿子的抚养权归他，你怎么想？”

“我不同意，房子是夫妻共同财产，我可以接受一人一半。儿子的抚养权我是一定要拿到的，如果他愿意把儿子抚养权让给我，我可以在房产份额上做让步。”

作为代理律师，我给大家介绍一下本案的案情。当时的情况是：孩子两岁半，男孩，已经过了哺乳期。夫妻双方学历相当，男方收入较高，年薪二十多万，女方年薪十万出头，男方是女方的两倍。男方母亲在本地居住，可以协助抚养孙子；女方父母在老家，不太方便过来帮忙带孩子。房子登记在女方名下，双方共同出资，婚后购买，是夫妻共同财产。

需要强调的是，在司法实践中，抚养权归属问题一般要从有利于孩子成长的出发点去考虑，那么我们一般认为收入更高的一方更有能力给孩子较为优渥的成长条件，所以在判决时法官会着重考虑这些。

讲到这里，我要向各位女性读者强调一个事情，那就是，女性一定要成为自己的靠山，要有独立的经济能力。事业才是生存的生命线，如果没有工作，不光会在日常的生活中处于弱势，一旦离婚，也可能面临不利局面，没办法，没有收入，底气也就不足。更极端的情况是，如果长期做家庭主妇，很可能连离婚时聘请律师的律师费都拿不出来。

初步分析后，我发现，侯梦颖在抚养权的争夺上，并不具备明显优势。

我告诉侯梦颖，她名下这套房产本质上是夫妻共同财产，如果男方没有任何依据就主张百分之七十的份额，一般是得不到支持的。至于抚养权，目前来看，双方都不具备绝对抚养优势，所以应诉的重心应该放到抚养权的争夺上。

她回答："好的，韩律师，我听你的。"

事实上，在这个案件中，抚养权的争夺确实是最主要的，直到判决结果出来的前一天，法官还打电话问侯梦颖是否愿意放弃孩子的抚养权。

一个月时间转瞬即逝，很快到了开庭这天。

这一个月里，我指导侯梦颖提交了一系列证明自己有抚养优势的证据材料，包括学历证书、专业职称证书、收入明细、升职报告、侯梦颖父母亲笔书写的协助抚养意愿书等。我们都清楚，这一系列材料在法律上能起到的作用微乎其微。但抚养权争夺，无非就是通过这一系列动作，让主审法官内心确信，女方在抚养孩子的决心和态度上，是胜过男方的。

除此之外，我们还提交了侯梦颖分娩住院期间的病历和医嘱，因为侯梦颖是高龄产妇，生孩子的时候出现了大出血，在鬼门关走了一遭，出院时医生也不建议她后续再次生育。事实上，侯梦颖的身体条件已经不允许她再次生育，这个孩子是她享有“母亲”这一身份的唯一凭证。

开庭前一周，侯梦颖请求我帮她起草了一份不公开审理申请书，寄给了法院。侯梦颖这么做的原因，是怕刘鸿带着婆婆来开庭，她怕婆婆在旁听席做出一些令人意想不到的举动。

在法庭外等候开门的间隙里，我给侯梦颖做最后的开庭辅导。

“开庭过程中，你记得控制好情绪，克制自己，不要太激动，严格遵守法庭规则，听从法官指挥，轮到你发言时再发言。”

“好的，韩律师，我尽力。”

“正式敲槌开庭前，法官可能还会再组织一次调解。如果刘鸿愿意调解，你同意接受调解吗？”

她沉默了。

依旧还是沉默。

正当我以为侯梦颖不会再回答这个问题时，她开口了。

“看他的态度吧，如果他不想离了，也不是不行。”

这时候，法庭的门开了，书记员探出头喊刘鸿和侯梦颖的名字，小两口和各自的律师分别坐上法庭的两端。

刘鸿离婚的决心很坚定，不接受调解。

庭审过程中，刘鸿接二连三地当庭增加诉讼请求，不管这些请求是否有依据。这种做法激怒了法官，也让侯梦颖犹豫的心逐渐变得坚决。

双方就离婚达成共识，剩下的无非就是房子和孩子。

庭审过程中，侯梦颖的情绪越来越激动，语速也越来越快，这么多年的委屈和失望，在这一刻彻底爆发。这个女人在法庭辩论阶段抢过我面前的话筒，声泪俱下地控诉对面男人的种种作为。对于刘鸿，她简明而又深刻地总结为一句话：

“他就是个妈宝男！我不可能让我儿子跟着一个妈宝男生活！”

漫长的庭审持续近三小时，持续的攻防让我大脑紧绷，我揉了揉眼睛，终于到了最后一个环节，原被告双方做最后陈述。

讲到这里，有一个诉讼程序小常识要普及给大家。在民事案件中，“最后陈述”的依据为《中华人民共和国民事诉讼法》第一百四十四条规定的“法庭辩论终结，由审判长或者独任审判员按照原告、被告、第三人的先后顺序征询各方最后意见”。这一条文的规定赋予当事人最后陈述的权利，是最后陈述的法律依据。

我们一般认为，最后陈述跟法庭辩论阶段一样重要，但最后陈述跟法庭辩论阶段又不太一样。法庭辩论阶段是原被告相互争辩，至于最后陈述，主要是向法庭陈述己方对案件的最后意见。我们认为，最后陈述是在案件经过深入审理，原被告双方及审判法官都对案件有了全面认知的前提下，当事人针对案件整体，提出己方的最终意见。比如我方的最后陈述就是再次表达了自己坚决要求抚养权的决心，并补充了一些之前辩论阶段漏掉的点。通过最后陈述，侯梦颖在法庭上很好地展现出了一种为母则刚的风采。当然，在司法实践中，最后陈述环节越来越过场化、流程化，很多人懒得发表太长的最后陈述，会以一句“请求法庭依法判决”作为最后陈述的内容。

对于刘鸿最后陈述的内容，我设想过很多种可能性。

也许，他会再次强调法官应该多分一部分房屋份额给他；或者，他会强调自己更适合抚养儿子；再不然，他可能会要求撤回那些明显没有依据的诉讼请求。

我怎么也想不到，刘鸿会做出这样的最后陈述。

法官提示：原告做最后陈述。

刘鸿一把抓起他代理律师面前的话筒，举着话筒站起来大吼出那句让我一辈子都忘不了的话：

“我不是妈宝男！”

说完之后，刘鸿重重地把话筒扔到原来的位置，闭目养神。

电影《美人鱼》里的警察有一句台词：“我们受过严格的训练，无论多好笑，我们都不会笑，除非忍不住。”

朋友们啊，我说实话，我确实差点没忍住，差点笑出声，我赶紧捂住了嘴。这时候我注意了一下法官的表情，她好像也差点没绷住。

法官明显也没料到会出现这种情况，不放心地跟刘鸿再次确认。

“没了吗？”

“没了。”

庭审结束后不到一周，法院判决书就寄到了律所。

房产一人一半，孩子抚养权归女方。至于刘鸿当庭增加的那些诉讼请求，毫无意外地被全部驳回。

侯梦颖对结果很满意。上诉期满后也没听说刘鸿上诉，一审判决生效，侯梦颖把房屋折价款打给刘鸿，案件到此也就告一段落。

至于刘鸿到底是不是妈宝男，这个问题的答案已跟随着生效的判决书，被裹挟进生活的洪流，席卷而去。

# 阿喀琉斯之踵

在诉讼中，总有一方是输家。你赢，就代表别人要输，这也正是诉讼的魅力和风险。网上有句话叫“乾坤未定，你我皆是牛马”。

对于每个案件，从不同的角度去看，可能会得到完全不同的所谓“主观真相”。你所代表的立场不同，你所追求的“主观真相”和结果自然也就有所不同。

而案件本身的“客观真相”，永远无法复原，或者说，我们永远无法得知，在过去的某个时空里这个案件到底是如何发生的。每个诉讼参与人所做的，无非就是通过一系列的证据与说理，尽全力无限逼近“客观真相”，抑或是无限逼近那个己方苦苦追求、与己方利益或立场相符的“真相”。

而这个无限逼近真相、近身肉搏的过程，我们一般称之为“诉讼”。在这个过程中，有着无数的不确定性，这也正是“诉讼”两字本身最大的魅力。

而本篇故事，是这样开始的……

两年前，朋友给我介绍了一个民间借贷案件，也就是咱们老百姓常说的借款纠纷。

我简单介绍下案情：案件本身标的（金额）不大，三十万，分两笔支付，方式为银行转账。第一笔十万元（于2019年9月7日打款），第二笔二十万元（于2020年1月12日打款），两笔款项打款时间间隔四个月，两张借条上有被告的亲笔签名，借条日期是机打而非手写。朋友们，记住这些细节，这些都是知识点，后面要考。

银行流水、借条、利息约定、催款聊天记录，一应俱全，借条日期跟银行流水严丝合缝，毫无破绽。我相信，很多律师同行应该都非常喜欢做这种案子，证据清楚，法律关系简单，不用费心费力，直接按流程去诉讼即可，几乎没有任何败诉风险，当事人付律师费一般也比较爽快，皆大欢喜。

是的，我当时就是这么想的。可后续，现实狠狠抽了我一巴掌。

我还记得在接案手续办理完成时，我例行问过委托人老赵，你还有没有其他要补充的情况或材料？你认为跟这个案件相关的任何情况和材料都可以。

老赵说没有，我也只能信了。

可后来的案件走向告诉我，老赵不老实，他骗了我。

我在接下此案后很快就完成了法律文书撰写和证据目录的整理，接着便是把材料交给法院，排队等待立案。

需要提一嘴的是，案件所在的管辖法院案件积压量较大，一般情况下法院不会直接立案，而是按照递交材料的顺序排队立案，而这一排，就是三个月。

三个月后，我等到了正式立案的通知，令我意外的是，顺带也等来了一份管辖权异议申请书，以及承办法官的电话。

“喂，是赵某某的代理人韩律师吗？”

“法官您好，我是。”

“好的，韩律师，两件事啊，我简单讲下，第一就是关于这个案件，被告提出了管辖权异议，认为应当由被告所在地 A 市某法院管辖，当然他们的理由是不成立的，所以我马上会下裁定驳回他们的管辖权异议申请。但第二件事你要注意一下啊，被告认为这个案件不应当是民间借贷纠纷，而是股权合同纠纷，并且提交了相应的证据，我看了一下，他们的主张是有依据的，所以你们要考虑一下，是否变更你们的诉讼请求或撤诉后重新起诉。按照目前这个情况来看，如果你们坚持按照民间借贷纠纷的诉讼请求进行审理，那大概我是要驳回你们的诉讼请求的。”

听完这个电话，我一头雾水，蒙头转向，什么情况，不是民间借贷吗？怎么就突然出来股权纠纷了，怎么就要败诉了？这情节快进的速度让我有点吃不消。

虽然情况有变，但是律师的职业习惯告诉我，先不要慌，稳住，看看什么情况再说。

所以，我亲自跑了一趟法院，把被告提交的证据拿了回来，想看看到底怎么回事。

被告提交的证据很简单，一份股权转让协议，一份股权代持合同，白纸黑字，上面都签着老赵和被告两个人的大名。股权转让协议明确约定老赵以三十万元对价购买被告名下公司百分之二十的股权，而股权代持合同明确约定，老赵买的这百分之二十股权无须进行工商变更登记，由被告代为持有，老赵享有股权的所有权和收益权。而迄今为止，老赵还没有支付过任何股权转让款。这两份协议的签订日期是 2020 年 2 月 1 日，是手签日期。

朋友们明白了吗，两张借条的时间在前，股权转让协议时间在后，金额完全一致。也就是说，老赵付的这三十万到底是什么钱，是借款还是投资，出现了争议。原被告各执一词，被告提供的股权协议时间在后，目前的案件走向对他们更有利。

出了突发状况，我自然要把老赵拉过来核实情况。这么大的变故，他总要有个交代。

老赵被我拉来质问，明显心虚了。我问他这是怎么回事，为什么他之前从没跟我提过这回事。

老赵给我的解释是：他认为借款是借款，股权是股权，他跟被告虽然有过业务上的往来，但一码归一码，股权和借款不是一回事。两个人曾经确实谈过合作、入股的事，但签完合同后，疫情暴发了，被告没再提这事，因此合作的事不了了之。而借条并不是转账当天签订的，是疫情缓和后，大概 2020 年四五月份，自己去找被告补签的，这三十万是借款，不是股权转让款。于是我问，为什么借条的日期不是 2020 年四五月份，而是 2019

年9月7日和2020年1月12日。

老赵的解释是，补签借条时，为了跟转账日期保持一致，他将借条日期按照银行转账的日期进行了倒签，这正是我们之前提到的，借条日期是机打而非手签。我问老赵，关于借条是后来补签，借条日期并非真实签订日期的这一点，你有证据吗？

答案当然是没有。

所以，虽然老赵的说法看似能够自圆其说，但事实上，老赵的这套说辞，连我都说服不了，更何况法官呢。我们都知道，打官司凭的是证据，不是红口白牙。

反过来看，被告的观点看起来明显更能让人信服。被告说，借条不是补签，是转账当天签订的。自己跟老赵一直商量着合作开厂的事，老赵眼红自己厂子的利润，主动提出了投资入股，这三十万借款也就转化为了投资款，商量着钱不用还了，抵作投资款，双方签订了股权转让协议和股权代持协议。年后疫情暴发，实业不景气，厂子没办法开张，老赵不想投资打水漂，因此萌生退意，又反过来起诉自己，满口不提入股的事。这是被告的观点。

而站在法官的角度看，他更倾向于认为，双方之间曾经存在真实的民间借贷关系，但因为借条在先，股权协议在后，股权转让的合意达成使得本案由民间借贷的法律关系转化为股权转让的法律关系。所以原告老赵坚持按照民间借贷关系提起诉讼是不对的，如果不撤诉或变更诉讼请求，就要判老赵败诉。

虽然老赵坚持说股权转让合同和借款是两码事，金额一致为三十万只是巧合，但很明显，法官不信这套说辞。

可能会有人问：为什么老赵一定要坚持按照民间借贷进行审理，而不是拿到股权然后出售变现？

答案很简单，因为被告的公司欠债，股权一文不值，真的变更股权登记去做股东，甚至还有被其他债主追诉、强制执行的风险。

案件因此陷入僵局。

原告给出的描述是，被告资金周转需要借款，自己仗义相助提供资金，转过去三十万，对方未打借条。疫情缓和后，原告于2020年四五月份找对方要求还钱，对方还不出来，于是当场打了两张借条，借条倒签为转账当天的日期。在起诉前的几个月里，原告多次向被告催款，要求还款，被告多次答应还款，但要求原告宽限一段时间，被告在此期间未对债务提出抗辩或异议。对此有聊天记录、借条、转账记录、催款录音等作为凭据。

而被告主张借款确实存在，但后续双方一致合意将借款转为股权投资款，原告的借条签在股权协议前而非股权协议后，现在自己并不欠原告的钱。至于为什么原告催款，自己不对债务提出抗辩而是满口应承要求宽限，那是自己磨不开面子，不好意思直接反驳原告而已。至于证据，股权转让协议便是最好的证据。

法官基于在案证据，更倾向于认可被告观点，准备驳回我方诉讼请求。

这个案件的关键点在于哪里呢？我的判断是，在于借条和股权协议的日期孰早孰晚。

我把老赵拉到办公室，很严肃地质问他，借条到底是什么时候签的，要跟我讲实话。他一口咬死，就是2020年四五月份签的。问他有没有证据，很遗憾，没有，老赵说自己当时去了趟A市，双方联络都是打电话，也没想到要录音。想要通过举证来证明借条日期晚于股权协议这条路是走不通了，因为老赵根本没什么证据。

开庭的时间一天比一天近，我的压力也一天比一天大。

虽然律师在接案时不能承诺案件结果，而且这案子输了确实不能怪律师——证据被搞成这样，原告又自己乱签东西，确实怪不了律师——但我真的不想就此放弃。

为什么？很简单，因为我不想输，我不喜欢输。话又说回来，有谁喜欢输呢？对方也有律师，在诉讼中，总有一方是输家。你赢，就代表别人要输，这也正是诉讼的魅力和风险。网上有句话叫“乾坤未定，你我皆是牛马”。

开庭前的半个月，我疯狂地泡进了这个案件里，一遍又一遍看案件的所有材料，一遍又一遍重复，想瞪大眼睛找出一些对我方有利的细节。材料其实并不多，但是我依旧反复折磨自己，因为我实在是不甘心。

我不知道是不是真的功夫不负有心人，抑或是我这人办案思路天马行空、不拘一格，我还真的找到了一个破局点。而且如果这个抗辩的点被法官采纳，估计能转败为胜。

能不能逆风翻盘，就看庭审发挥了。

开庭时间很快到来。当天，法官的态度很不耐烦，因为他无法理解我们为什么要对一个在他看来必输的案件如此执着，坚持不撤诉，这简直是在浪费他的时间。在这种情形下，庭审正式开始。

在例行公事一样的庭审前期程序，如书记员宣读法庭纪律、确认诉讼参与人身份、念起诉状等结束后，我在法庭调查阶段正式出手了，而且这一出手就是杀招。

在对被告所提交的股权转让协议、股权代持协议质证时，我把早就准备好的弹药一口气打了出来。

我对被告所提交的股权转让协议的真实性提出了异议。我的质证意见如下：

协议的签订日期存疑。从协议最后一页及被告的答辩可以看出，这份协议貌似是签订于 2020 年 2 月 1 日。为什么我用“貌似”一词，是因为，2020 年 2 月 1 日并非这份协议的真实签订日期。

为什么我敢这么说，当然是因为我有更可靠的依据。

众所周知，2020 年 1 月，新冠肺炎疫情暴发。A 市当时是省内疫情最为严重的地区，确诊总数和新增病例都显著高于省内其他地市。正是在这种情况下，1 月 29 日，原告携妻女驾车从 A 市返回 B 市（有 ETC 扣费记录和高速费发票证明），开始居家隔离。而 2 月 1 日，正是原告老赵居家隔离的第三天，当时原告作为从 A 市返乡的外来人员，如何能避开所有人跑去 A 市与被告签订股权转让协议呢？（以上情况有社区的登记记录为证，如若需要，法庭可向社区调取。）由此可以看出，股权协议上签署的、被告所称的该份协议签订于 2020 年 2 月 1 日是不可能的，绝对不可能。

当年，新冠疫情持续至三四月才逐渐缓解，在这之后，原告与被告才有可能见面签订借条，所以原告所称“借条签订于 2020 年四五月份”，是符合常理的。所以借条的签订时间是晚于股权协议的，双方并不存在把借款转化为投资款的合意，借款就是借款，与股权投资无关，双方之间可能存在的股权转让纠纷并非本案审理范围，与本案无关。

我这段话讲完，被告当时就蒙了，而法官对于庭审节奏的把控也相当到位，立刻接手了庭审主导权，主动对被告本人进行发问，质问被告股权协议的签订日期是否真实。

大家可能没去过法庭，对其不太了解，在法庭上，尤其在法官居高临下质问的状态下，当事人一般都不敢顶着法官的压力撒谎，除非是撒谎都不用打草稿的老赖。

所以被告直接撂了，承认日期是自己后来手动补上去的，为什么选 2 月 1 日，是因为自己没认真想，随便填的。

法官继续追问，既然签订日期不真实，那股权协议的真实签订日期是何时？早于借条还是晚于借条？

被告说，股权协议是 1 月份疫情暴发前签的，股权协议比借条签得早，借条是后来签的。

我听完这句话，激动得差点吼出声。我心里清楚，有被告这句话，这案子已经稳了一半。

然后法官当庭跟被告反复确认了三次：“你确认借条是在股权协议后面签的，对吧？”

被告说：“是。”

妥了，把这协议日期的真实性打掉，我的任务就完成了。

开完庭后，我基本确信，这案子后续应该没什么反转了，判决基本毫无悬念，法官可能头疼的是，这判决书该怎么写，证据采信和法院说理的逻辑该怎么组织，不过，那就与我们无关了。

果然，开完庭后，法官非常纠结，基本保持着一个月两次的通话频率要求原告过去做笔录、接受询问，要求原告补充提交更多的聊天记录，甚至审限不够了，要求原被告同时提交延长审限申请书。

我知道法官很纠结，他的纠结点在于这案子的股权协议是真实的，借条也是真实的，但涉案款项的定性无法一锤定音，真正的客观真相难以复原，双方对于案件事实各执一词，在案证据又存在冲突，其间双方合意也许还存在多次转化，所以，这判决书不好写。

我耐心等待最后的结果。

终于，在开完庭半年后，我收到了姗姗来迟的判决书。

法官的说理部分很有意思，我给大家简单概括一下：他认定双方之间存在真实的股权转让关系，并认定案涉款项三十万现金即为股权转让款，即认可了被告前半部分的主张，但是，他认为，被告在股权投资关系成立后，就案涉款项三十万元向原告出具相应借款凭证的行为

（也就是打借条），以及后续原告多次催告还款，被告都未表示异议的行为，意味着双方对案涉款项从股权转让关系转换为民间借贷关系达成合意，所以原告依据借贷关系主张款项返还、利息支付，符合双方约定及法律规定，依法应当予以确认。

最后，判决书支持了我方的全部诉讼请求。上诉期满后，原被告双方都未上诉，判决书生效。

以上就是我们反败为胜，逆风翻盘的曲折过程。

故事讲到这里，案情讲得差不多了，我有一些感受想与大家分享。

我认为，作为诉讼律师，对当事人的话或材料要永远保持质疑态度，不能不信，也不能全信。人的本能都是趋利避害的，在面对律师时，他很可能会隐瞒对自己不利的点，报喜不报忧，这是人之常情，即使你再怎么逼迫他，也无法逼出他刻意隐瞒的秘密。在这种信息可能不对称的情况下，律师必须保持足够的警惕性，有一分证据说一分话，没有把握的话绝不要说，没有把握的主张绝不要提。

那么，在双方证据都存在瑕疵且案件真相难以复原的状态下，如何通过合法手段、证据规则甚至庭审发问去实现自己的诉讼目的，就更加考验律师的庭审经验、应诉能力和法律功底。在这个案件里，我没有办法证实借条的签订日期，但这不代表我无法通过证伪的方式去打掉对方的关键证据，从而获得有利的案件结果。正如那个大家耳熟能详的笑话一样：我们两个在山里遇到熊，我不需要跑得比熊快，我只要跑得比你快就可以了。

律师不是神，没有天眼，也无法让时光回溯，我们永远不可能知道案件的全部真相。我们能做的，无非是通过证据规则和诉讼工具，竭尽全力，逼近那个相对更有利于我方的“真相”。

民事诉讼中的博弈，很多时候，正是精妙于此啊。

## “零口供”的被告人

日子总是不尽如人意，生活好像酷爱捉弄凡人。

在大部分刑事案件中，当事人及家属所面临的最大困境是“信息不对称”。相较于蒙眼瞎猜，当事人在掌握充分信息前提下所做出的决定，大概率更能与其利益相符。辩护律师的存在，或多或少能帮当事人与家属破除“信息不对称”困境。

有些时候，案件中看似不起眼的几句话，便能改变当事人的案件结果，甚至命运走向。

岳风以自己的自由为代价，证明了上面这段话。

岳风是谁?

他是我曾经办的一起案件中，由我为其辩护的被告人。

再平常不过的一天，手机响起收到短信的提示音。我点开页面，原来是法律援助中心指派了新的案件。

“赌博罪，看来又有野生牌局被抓了。”

这是一起看似寻常的赌博案，案件经侦查机关详细侦查，移送检察机关审查起诉。检察机关在审查后认为案件符合公诉标准，向法院提起公诉。我介入的时机，正是刑事一审阶段。

前置的指派手续办完后，我以辩护人身份向法院提交了指派手续，申请查阅、复制本案的案卷材料。按照工作习惯，我更愿意在认真阅卷后，再去看守所会见当事人。

等待卷宗复制的间隙，书记员突然开腔。

“韩律师，你负责辩护的这个岳风没签认罪认罚具结哦。”

“那也正常嘛，可能是对检察院认定的事实有意见，抑或是对量刑建议不满意。”

“他还是零口供。”

“哦？这倒是让我没想到。”

实际上，在我过去所经历的数百起案件中，零口供的情况也曾存在，但这类情况往往出现在案情比较复杂、事实及定性都争议较大的案件里，例如涉黑涉恶类犯罪，抑或是那些更敏感的案件。

赌博罪是羁押刑最高只能判处三年有期徒刑的轻罪。从起诉书认定的事实来看，岳风应该不是主犯。没签认罪认罚具结，甚至还是零口供。

这案子，有点意思，我已经开始好奇了。

拿到完整的复制卷后，我赶回律所，准备用最快的速度把卷宗过一遍，这样才能大致掌握案件脉络。

我知道各位读者可能跟我一样，十分好奇岳风零口供的原因，想知道案件的来龙去脉。别急，在正式铺开案情之前，我必须给不太熟悉刑事诉讼实务的朋友们，对认罪认罚从宽制度做个简单科普。

该制度出自我国刑事诉讼法（2018）第十五条：犯罪嫌疑人、被告人自愿如实供述自己的罪行，承认指控的犯罪事实，愿意接受处罚的，可以依法从宽处理。

众所周知，刑事案件（职务犯罪除外）一般会经过侦查、审查起诉、审判等诉讼程序。

漫长烦琐的诉讼周期，无差别的处理方式，与复杂程度不一的案件无法完美适配。比如，在一些案件里，当事人对案件的定性、事实、证据甚至量刑都没有什么异议，只希望案件能够尽快结束，不要无休止地拖下去，让自己能够回归正常生活；而在另一些案件里，当事人对定性、事实及证据有着强烈异议，希望能够穷尽一切法定途径为自己维权，洗清自身冤屈。不同的刑事案件所需求的司法资源和诉讼效率不同，其与刑事诉讼制度构造的适配性也不尽相同。认罪认罚从宽制度的出现，在很大程度上就是为了提高各类案件与刑事诉讼程序的适配性，推动刑事案件实现繁简分流，优化司法资源配置，提升诉讼效率。

换成更通俗易懂的说法，那就是简单的案件快办，复杂的案件精办。与之对应，理论上，在整个诉讼程序中，当事人越早接受认罪认罚从宽制度，越早表露出认罪认罚意愿，其所对应的从宽幅度也就越大。当然，正如我说，这是理论上的大概率事件，实践中或许会有变数，不过这并不是本文的讨论重点。

回到办公室，坐在桌前，我扑进屏幕里千余页的案卷。

过了不知多久，漫长的第一次阅卷宣告结束，我对案情有了基本的掌握。

总体来看，这是一起较为寻常的赌博案，公诉机关的起诉书显示，案涉被告人共六名，其中岳风排在第二位。排在他前面的，是一个叫赵大虎的男人。这个案件中，只有他们两人仍被羁押在看守所，其他四人都被取保候审。

案卷材料显示，赵大虎伙同岳风等人，组织多名赌客在附近的野山、废弃建筑物里聚众赌博。赵大虎作为老板从赌资中“抽头”获利，另外五人分别负责洗牌、发牌、抽头，保管抽头款，维持秩序，端茶望风，接送赌客。而岳风，充当的便是端茶望风的角色。单从六人各自对本案起到的作用大小来看，岳风并不突出，甚至还有些边缘化。如果把六人按照各自在共同犯罪中起到作用的大小排个顺位，岳风最多也就排在第四名或第五名。

刑事诉讼中，总有一些不成文的潜规则。比如，起诉书排名先后与量刑重轻，在很多案件里都是正相关的关系。通常情况下，排名越靠前，意味着量刑就越重。虽然这些说法并不严谨，但从概率学上看，它们确实有些参考价值。目前从起诉书的排位来看，岳风最后获刑很有可能会重于其余四人，仅轻于赵大虎。

除赵大虎和岳风外，其余四人都已签署认罪认罚具结书，自愿认罪认罚；赵大虎虽未认罪认罚，但他也仅仅是对一小部分事实认定有异议，对于大部分案件事实还是认可的。

换句话说，除了岳风，其他人全撂了。

只有岳风，从案件立案侦查到现在的半年时间里，一直是稳定的零口供。什么都不问，什么都不说。甚至，公安机关询问是否需要帮他联系家属，都被他拒绝。

这实在太诡异，我越来越好奇。

会不会是侦查机关的取证不够扎实？在案证据能否证明岳风的犯罪事实呢？也许现有证据并不足以证明岳风参与犯罪，也许岳风本人反侦查意识较强，并未留下任何能被指认的证据，所以他才坚持零口供，企图得到无罪的案件结果。嗯，应该是这样，我企图说服自己。

但当我看到同案犯的供述及赌客们对岳风的指认时，我彻底陷入了迷惘。

所有在赌场里出现过的人，都准确指认，岳风就是那个在赌场里跑来跑去为大家端茶倒水的人。赵大虎明确供述了他向岳风所支付的劳务报酬，每天三百元，按天结算，甚至，这笔钱还是通过电子支付方式付给岳风的，留下了确凿不移的支付凭证。

换句话讲，如果不出意外，按照现有证据来看，岳风几乎不可能脱罪。当然，在阅卷过程中，我也没看出岳风有任何具备反侦查意识的表现。

他的零口供到底是图什么？毫无意义的固执和对抗，除会给自己增加刑期外，我看不出对他有丝毫益处。

这些问题暂时没有答案。单靠这些书面的卷宗材料，也许我永远无法解开疑点。是时候见见本尊了，我心想。

带着疑问，我坐上开往看守所的车。汽车飞速行驶在城市道路上，车窗外，快速闪过的高楼大厦逐渐替换成郁郁葱葱的树木。靠在车窗上，在这景色变换中，我设想即将到来的第一次会见。

也许，他看起来会很不好惹，散发出生人勿近的气息；或者，他可能会拒绝法律援助中心的指派辩护，把我当成跟公检法一伙的人，不愿与我建立委托关系；再或许，他可能会强硬要求我按照他的想法组织辩护意见，对我提供的法律建议指指点点，颐指气使。

在途的时间总是短暂的，我怀揣着忐忑的心情，坐进律师会见室，等待对方出现。

随着门被推开，映入眼帘的是一名个子不高、看起来面相老实、带着些许局促的中年男人。

“你好，岳风，我是法律援助中心为你指派的辩护律师，我姓韩，你可以叫我韩律师。你的案件已经被检察院向法院提起公诉，我负责在一审程序中为你辩护，你是否同意由我担任你的辩护人？”

对面的男人嗫嚅了一小会儿，欲言又止，最后还是小心翼翼试探道：“是免费的吗？需要我家里付钱吗？”

“法律援助对你来说是免费的，我们的办案成本通过法援中心发放的补贴覆盖，不需要你付钱。”

“好，那我同意。”

没有预想中的难以沟通，我松了口气。

在分析案情时，我尝试尽量用他不反感的方式去告诉他，以我的办案经验来看，目前在案证据基本足以支撑公诉机关的指控。但考虑到他到案后一直零口供，且拒绝认罪认罚，如果他坚持无罪辩护，我也可以听取他的意见，尽量拿出一套合理的辩护方案，保障他的合法权益。

同时，我也提醒他，除他之外的同案犯，甚至包括赵大虎本人，对涉嫌赌博罪的犯罪事实都表示认可，无罪辩护的难度可能比较大，相应辩护意见被法庭采纳的可能性也比较低。如果他能接受，我可以做无罪辩护和罪轻辩护的两手准备。

“等下，您是说，赵大虎都承认了，是吗？”

“是这样的，他虽然对公诉机关指控的部分场次和金额有异议，但对于组织聚众赌博的事实，他是认可的。”

沉默，大段的沉默，房间里的空气似乎凝结起来。

我本打算说点什么，试图缓和当下冰冻的气氛。

对面的男人却忽然哭了起来。

突如其来的状况让我无力招架。

我想宽慰他几句，却不知该从何谈起。我想把包里的纸巾递给他擦泪，角落里的律师会见警示牌上，醒目的“不准传递物品”阻止了我。

他终于哭完了。

“韩律师，麻烦帮我跟检察官和法官说一下，我愿意认罪认罚，我愿意配合调查和接受处罚。”

接踵而至的新状况，打乱了我的所有准备。我摸不着头脑，搞不清这一切是如何发生的。好在，我还有时间，我可以通过倾听，搞清楚到底发生了什么。

接下来的时间里，我以倾听者的角色，耐心拨开了这个案件中的最后一团迷雾。

岳风是外地人，早年辍学的他很早便外出务工。他攒了些钱，在父母的帮衬下成了家，结婚生子。几年前，他把老婆孩子从老家接了过来，男人进厂，女人接些零活，孩子在附近上学。一家三口挤在面积不大的出租屋里，虽然条件有限，但好在有亲人在身边互相陪伴，小日子倒也过得幸福美满。

日子总是不尽如人意，生活好像酷爱捉弄凡人。

案发前不久，岳风供职的服装厂因经营不善，关门了。失去工作的岳风，在冰冷的求职市场中扑腾了几个月，还是没能找到新的工作。坐吃山空的日子不好受，岳风越发焦虑起来，他无法忍受自己无所事事。求职未果的他支起简陋的炒饭摊，试图用一碗碗炒饭，把这个家撑起来。炒饭生意并不尽如人意，很多时候，一晚上的进账流水甚至覆盖不了食材备货成本。

日子就这么硬挨着，一天一天数着过。

直到有一天，一个叫赵大虎的人出现在摊前。

岳风并没认出赵大虎，他忙着翻炒锅中的米饭，无暇注意顾客的长相。倒是赵大虎，第一时间认出岳风这个几年前的同事。当时，两人在同一家鞋厂供职，分在同一间宿舍。后来，赵大虎不辞而别，岳风也就逐渐淡忘了这个曾经的舍友。

旧人相见，不免寒暄。得知岳风出摊收入并不乐观后，赵大虎向其抛出兼职的橄榄枝。他声称自己的生意有点忙不过来，需要可靠的人手帮忙。每次白天几小时，不需要什么技术，跑腿打杂、端茶送水即可，不耽误晚上出摊，每次三百元，当天结算报酬。

岳风心动了。

到了赌场后的岳风意识到了不对劲，无奈已经上了贼船。

在近十次的“帮忙”过程中，岳风从赌客和其他同案犯的口中了解到，赵大虎身上背着很多案底，之前曾不止一次因赌博罪被刑事处罚，甚至还因故意伤害他人被追究刑事责任。跑也不敢跑，退又不敢退，岳风只能自我安慰，自己只是帮忙端茶送水的杂役，不参与赌博活动，应该不会被处罚。

后来的事情，各位都知道了。

我终究还是问出了那个压在心底许久的问题。

“既然这样，到案后的这半年时间里，你为什么会是零口供？根据你的参与情况，如果你如实供述，很有可能在刑事拘留的前三十天内就被变更强制措施为取保候审。为什么办案单位问你任何问题，你都闭口不谈？”

“我不敢说。”

“为什么不敢说？”

“赵大虎知道我家住在哪儿，我怕我出卖他后，他找人报复我老婆孩子。”

“赵大虎一直都被关在看守所里，他根本没机会做这些事啊。”

“他是在道上混的，身上背了很多案底，肯定会有人帮他做事的。我老婆孩子跟这件事没关系，我接受不了他们有任何闪失。”

说到这里，这个男人的眼眶又红了。

这个答案，确实让我意外，可又在情理之中。

我确实不太会安慰人，我能做的，只有坐在这里默默陪伴，等待他情绪消解。

“正常情况下，民警和检察官也会告知你同案犯的认罪认罚情况，让你认真考虑，难道他们没提这事吗？”

“他们确实提了，可我无法确定他们是不是在诈我，我不敢拿老婆孩子冒这个风险。”

唉……

我还能说什么呢？

案卷材料显示，除赵大虎外，包括岳风在内的五人，都被认定为从犯。其他四人在到案后，如实供述了所有涉案情况，积极参与对同案犯的指认，配合公安机关调查。案情基本调查清晰，公安机关便将刑事拘留未满三十天的四人的强制措施变更为取保候审。案件移送检察院审查起诉后，检察官认真评估了四人的参与程度和作用，在考虑他们认罪认罚的主动性与积极性的情况下，对他们做出了适用缓刑的量刑建议。也就是说，这半年以来，那些与岳风情节相当，甚至比岳风作用更大的同案犯，都未被羁押，早早离开了看守所。

只有岳风，到案后坚持零口供，什么话都不说，更谈不上配合侦查，自然也就不符合变更强制措施的条件。

任你是民警还是检察官，他自岿然不动。因此，他实打实在看守所里待了半年以上。

这起案件，有些黑色幽默，更有些心酸。我实在无法苛责面前的男人，他可能确实参与了违法犯罪，但他的选择，也有着他自己的无可奈何。

会见结束后，我依据案件材料尽快形成了书面辩护意见，与此同时，我联系公诉人和承办法官，向他们详细反馈此情况，建议公诉人在考虑岳风本阶段愿意主动认罪认罚的前提下，庭前或当庭提出适当的量刑建议，给予其应有的从宽幅度。法官和公诉人认真听取了我的意见，愿意在法律允许的范围内，给予岳风从宽处罚的结果。

开庭结束后不久，法院公开宣判。

赵大虎犯赌博罪，系累犯，从重处罚；岳风的羁押时间折抵刑期，宣判后的月底，岳风就能走出看守所的大门；其他四人，均适用缓刑。

这个案件，到此就算告一段落。

案件虽结束，思考却无法停止。

刑事案件不同于民事案件，失去自由的当事人在困境中，几乎没有获取准确信息的有效渠道，唯一能指望的，便是自己的辩护律师。我忍不住去想，案发当时，岳风的家属如果及时为他聘请了律师，是不是就能破除这个案件中的信息不对称困境？

我无法确定这个案件中家属缺位的原因，我愿意相信，他们也许是真的有苦衷。我能够理解家属的困窘，或许他们的经济能力确实不足以支付高昂的律师费。

可哪怕只委托一个诉讼阶段，甚至只需要单次会见，这个案件也许就能迎来不同的结局。

长达八个月的自由，这代价未免太沉重了些。

# 幼女性侵案

这个案件的分享能引起哪怕一个人对于未成年人保护工作的一点点重视，就足够了。

一天，我接到法律援助中心指派，一起负有照护职责人员性侵罪的案件需要指定辩护人，我便以辩护人的身份介入了这个彼时我还不知道会让我未来几个月陷入纠结、煎熬和痛苦的沉重案件。

案件的被害人叫王小花，一个马上就十五周岁的女孩，正在读初中二年级。从外表来看，她就和大多数的花季少女一样，黑色的长马尾，精致而青涩的脸庞上挂着偶发的一两颗青春痘，性格外向，喜欢追星和吃零食，充满着朝气和活力。大概是正值青春期叛逆的原因，小花的精力没放在学习上，她偶尔会逃课，成绩也不太好，还曾经有早恋的迹象。而本案的案发，也正是从她的早恋开始的。

可能是因为现在的孩子性成熟比较早，也有可能是由于自我保护教育的欠缺，小花在之前的早恋过程中，曾经跟自己的恋爱对象，也就是自己的同学，发生过不止一次性关系。未成年人在初尝禁果的过程中，可能是避孕措施不到位，或者是压根儿没做避孕，总之不管过程如何，事情最后的结果你们可能已经猜到：小花怀孕了。

两个月没来例假的小花，带着借来的钱，忧心忡忡地瞒着母亲来医院做检查，而检查结果正如一道晴天霹雳，小花确认已经怀孕一个月。得到结果的小花顿时慌了，不知道该怎么办，而正在她茫然无助的时候，值班医生报警了，公安机关迅速介入此案，这个案件正式立案，进入刑事侦查程序。

讲到这里我们不得不提一句，为什么医生在得知小花怀孕后会立刻报警？这是因为一项制度——侵害未成年人案件强制报告制度。根据最高人民检察院、国家监察委员会、教育部、公安部、民政部、司法部、国家卫生健康委员会、中国共产主义青年团中央委员会、中华全国妇女联合会九个部门联合印发的《关于建立侵害未成年人案件强制报告制度的意见（试行）》规定：国家机关、法律法规授权行使公权力的各类组织及法律规定的公职人员，密切接触未成年人行业的各类组织及其从业人员，在工作中发现未成年人遭受或者疑似遭受不法侵害以及面临不法侵害危险的，应当立即向公安机关报案或举报。

如果负有报告义务的单位及其工作人员不履行报告

职责，造成严重后果的，由其主管行政机关或者本单位依法对直接负责的主管人员或者其他直接责任人员给予相应处分；构成犯罪的，依法追究刑事责任。相关单位或者单位主管人员阻止工作人员报告的，予以从重处罚。

其中，“十四周岁以上女性未成年人遭受或疑似遭受性侵害所致怀孕、流产的”这种情形就属于医院必须进行强制报告的事项。

也就是说，医生在诊疗工作中如果发现未成年女性可能遭受性侵害导致怀孕、流产的，必须立刻报案，否则轻则面临单位内部处分，重则要负刑事责任。在我看来，这个制度是非常有效且非常必要的，正是这个制度的确立，使得大量侵害未成年人的犯罪案件能够被及时发现，未成年人能够及时得到保护。

言归正传，我们继续聊回这个案件。

公安机关介入本案后，面临的第一件事就是，小花怀孕这件事，背后是否存在性侵害等情况？所以民警在通知小花母亲到场的情况下，对小花展开了问询。为什么要通知小花母亲到场？这个是我国刑事诉讼法的规定，办理未成年人刑事案件，在讯问、审判以及询问的时候，应当通知未成年犯罪嫌疑人、未成年被告人、未成年被害人、未成年证人的法定代理人到场。具体规定我就不重复了，刑事诉讼法第二百八十一条，有兴趣的读者朋友可以去翻一翻。

在询问过程中，小花说自己怀孕也许是因为跟前男友发生过性关系，而民警自然也就将跟小花发生过性关系的前男友叫来问话。

这个所谓的前男友，其实是小花的同班同学，一个十五岁的男生，民警在小男生家长在场的情况下对男生进行了问询，并没有发现两人发生关系的过程中存在强奸或其他性侵害行为，男生也都如实承认了两人发生关系的经过和次数。对于是否可能因为避孕措施不到位导致怀孕，男生认为确实有可能存在这种情况。

案件查到这里，并没有什么刑法意义上的性侵害行为发生，十四岁以上的未成年男女学生发生性关系，虽然给双方都造成了不良影响，但毕竟属于你情我愿，即使女生因怀孕或流产而出现身体或精神上的损伤，后续无论是赔偿还是诉讼都仅仅属于民事侵权法律关系的范畴，并不属于刑事案件管辖范围。所以，这个刑事案件查到这里好像就该结束了。

确实是差不多该结案了。小姑娘怀孕的情况需要处理，她才十五岁，还在上学，总不能把孩子生下来。趁月份还小，尽快做手术对身体伤害最小，这是没办法的办法。所以，民警在跟小花母亲商量后，让她在小花就诊的这家医院预约了小花的流产手术。

在正式办理结案手续之前，承办民警又想起了什么，跟负责流产手术的医生打了一声招呼，让该医生做完手术后把小花的流产组织样本留一些给他们。正是这个看似有点多余的举动，彻底改变了这个案件后续的走向。

民警把拿到的相关组织样本送去鉴定机构进行DNA比对检验，检验得出的结果却出乎所有人意料：流产胎儿生物组织样本与小花的未成年小男友的DNA比对结果并不匹配。换句话说，导致小花怀孕的人，并不是她的前男友。

这个突发情况使得案件出现重大转折，最需要查明的问题就是：这个孩子，到底是谁的？

DNA 比对结果出来后，分局高度重视这个案件，立刻安排干警将小花和她的母亲、前男友及其父母叫来重新问话，并且对小花生活范围内所有存在作案可能的男性进行摸排调查，经过严密侦查，一个有着重大作案嫌疑的中年男子浮出水面。

那么问题来了，这个中年男子，又是谁？

公安机关侦查结果显示，该名男子名叫二狗子，四十九岁，初中毕业，在当地一家汽修厂做修理工。二狗子跟小花母亲是朋友。小花母亲在外地务工，一两个月才能回来看一次小花，在没办法的情况下，她托付二狗子在日常生活、学习中帮忙照顾小花，甚至小花的家长会都是二狗子去开。而这个快五十岁的二狗子，就利用所谓“照顾”小花的机会，多次哄骗小花发生性关系，且从来不做避孕措施，直至小花怀孕案发。

将二狗子列为犯罪嫌疑人后，公安机关立刻将二狗子的生物组织跟小花的流产组织样本进行DNA比对，结果证实，小花怀的孩子就是二狗子的。

在两人年龄差距这么大的情况下，小花为什么愿意跟二狗子发生关系？会不会是二狗子强迫小花？

经过调查，大概有以下两个原因：第一，二狗子是通过给小花一些零花钱或买一些不值钱的零食哄骗小花，诱使小花跟他发生性关系的，比如发生一次关系给个三十、五十，最多不超过一百元。小花母亲收入不多，日常留给小花的生活费不太充裕，更不要说给她零花钱。第二，也是更重要的一点，小花希望二狗子能配合自己演戏给妈妈看，希望二狗子不要跟妈妈通报自己成绩不好甚至逃课、早恋的事情，希望二狗子能跟自己妈妈说自己在学校很乖，一切都正常，这样，妈妈在外面工作就不会为自己担心或难过。

这些原因和理由听起来，既悲哀，又苦涩。

那么，既然二狗子多次哄骗小花发生性关系，为什么小花在第一次接受公安机关询问的时候却完全隐瞒了这些事实？为什么要把责任全部推到前男友身上？

这就是二狗子的可恶之处了。二狗子在过去长时间对小花进行侵害的过程中，一方面以糖衣炮弹诱骗小花跟他发生性关系，另一方面，他使出浑身解数鼓励小花在学校早恋，甚至鼓励她跟同龄人发生性关系，就是为了利用这些小孩打马虎眼，如果小花真的怀孕出事了，他可以把责任推到小花身边的这些同学身上。

而且，他不止一次给小花"洗脑"，在公安机关询问之前跟小花串通口供，演练如何对抗侦查，演练如何把锅甩给前男友。不得不说，他所筹谋的这一切确实很完美，这个谎圆得非常好，效果好到民警在询问小花和前男友双方时都看不出什么破绽。

但是，小花遇到的办案民警十分敏锐且负责，即使是在这种看似没有破绽的情况下，还是留了个心眼儿，多做了一步。他们多做的这一步，甚至能改变当事人之后的命运走向。

不知道有没有读者注意到，在案情展开叙述的过程中，我们只提到过小花妈妈，却从来没有提到小花的爸爸？他去哪儿了？他还活着吗？

小花的爸爸确实还活着，但是，他并不在小花和小花妈妈身边。

反应比较快的朋友也许能猜到我接下来要说什么。小花的爸爸在小花很小的时候，因为重大刑事案件犯罪入狱，至今仍在服刑。小花妈妈在小花爸爸入狱服刑后与其离婚，小花跟着母亲相依为命直到今天。

那么问题又来了，小花妈妈和二狗子又是什么关系？为什么小花妈妈愿意把小花托付给二狗子？她对二狗子哪儿来这么大的信任？

要说两人有什么关系，其实也没什么关系。说出来都让人觉得匪夷所思，一般来说，这种托付小孩的事情，我们都是交给自己绝对信任的朋友或亲人，可你们知道小花妈妈跟二狗子是怎么认识的吗？是她在刷视频软件时刷到“附近的人”认识的，也就是说，两个人之前毫无交集。对这种毫不知根知底的网友，小花妈妈都敢让他帮忙照顾自己的女儿。我们必须承认，对于小花的悲剧，小花妈妈要负很大责任。

案件查到这里，我们面临一个问题：二狗子该怎么定罪？

是强奸罪吗？

很难，刑法规定十四岁以上的女性具有性同意权，在小花自愿发生性关系的前提下，二狗子与小花发生性关系这种行为虽不道德，但没办法认定他是强奸。2013 年，最高人民法院、最高人民检察院、公安部、司法部联合发布的《关于依法惩治性侵害未成年人犯罪的意见》中，第二十一条明确规定：对已满十四周岁的未成年女性负有特殊职责的人员，利用其优势地位或者被害人孤立无援的境地，迫使未成年被害人就范，而与其发生性关系的，以强奸罪定罪处罚。但是，这条规定的前提是，必须是强迫性达到使被害人就范的程度，也就是必须达到一定程度上的强制性才能定为强奸，而本案中的花钱利诱，很难解释为该规定中的“强迫”。

那二狗子就是无罪吗？

当然不是。

在2021年3月1日前，我国刑法也许拿二狗子没什么办法，但在2021年3月1日后，二狗子难逃刑法处罚。

不知道大家是否记得，2020年曾经发生过一件全国轰动、影响恶劣的“养女事件”，我们可以认为，这一事件直接促使了“负有照护职责人员性侵罪”的出台。2020年12月26日，经第十三届全国人民代表大会常务委员会第二十四次会议通过，自2021年3月1日开始施行的刑法修正案（十一），在刑法第二百三十六条后增加一条，作为第二百三十六条之一，即：“对已满十四周岁不满十六周岁的未成年女性负有监护、收养、看护、教育、医疗等特殊职责的人员，与该未成年女性发生性关系的，处三年以下有期徒刑；情节恶劣的，处三年以上十年以下有期徒刑。”

这个新设罪名的具体含义是，只要这些负有照护职责的人员与已满十四岁不满十六周岁的未成年女性发生关系，不论未成年人是否同意，都应当追究刑事责任。

根据相关部门数据，近些年来，性侵未成年人犯罪的一大特点便是“熟人作案”。这种案件由于隐蔽性强，查处难度更大，持续的时间也较长。为了避免行为人以收养为名，对未成年女性实施性侵、奸淫，特别是利用未成年人对其经济、心理依赖等优势，恶意规避我国刑法中的性同意年龄，与年满十四周岁的未成年女性发生性关系的情形，我国刑法亟须修改完善，将这种行为纳入刑法处罚的范围。

而二狗子，就正好落入了这条新设罪名的规制范围。其中，二狗子与小花发生性关系导致小花怀孕这一情形，可以认定为本罪的“情节恶劣”，所以对二狗子应当适用升档的法定刑，也就是三年以上十年以下有期徒刑。

查到这里，这个案件是不是就结束了？还没有。

公安机关注意到，小花妈妈把小花托付给二狗子的时候，小花还在上初一，当时未满十四岁。这就不得不提出一个问题：二狗子是什么时候开始对小花进行性侵害的？在小花满十四周岁之前，二狗子是否与小花发生过性关系？

这一点非常重要，因为十四岁以下幼女不具备我国刑法意义上的性同意权，如果能确认二狗子在小花十四周岁前就曾与小花发生性关系，二狗子就涉嫌强奸罪，即同时犯强奸罪和负有照护职责人员性侵罪，数罪并罚，那二狗子面临的就不仅仅是十年以下的有期徒刑了。

而民警通过对小花的询问得知，二狗子果然在小花十四周岁以前就与小花发生过性关系！

但是，二狗子深知强奸幼女的严重后果，在警方对他的讯问过程中，他一口咬死，在小花满十四周岁前，自己从来没有与其发生过性关系，一定是小花记错了。

事情发展到这一步，很棘手。

一两年前的事，小花的记忆本身就较为模糊，犯罪嫌疑人又咬死不认，单靠被害人的口供，强奸罪无法定案，更何况刑事案件要求在案件存疑时，在犯罪嫌疑人、被告人和被害人口供冲突时，要采取有利于被告人原则和疑罪从无原则，在没有其他证据完成证据锁链的情况下，不能贸然认定二狗子犯强奸罪。

怎么办，难道就这么放过强奸罪这一严重犯罪线索，仅仅以“负有照护职责人员性侵罪”这一个罪名移送起诉二狗子吗？

民警不甘心，检察官也不甘心。

怎么办？

还能咋办，继续查呗，努力查，看看能不能找到其他有力证据或线索，万一能找到呢？

不得不说，功夫不负有心人，一遍一遍地筛查后，民警还真找到了一条有力线索。

公安机关在对二狗子采取强制措施后，曾对二狗子的手机等随身物品进行了扣押，然后送去分局勘验、检查，而正是通过勘验、检查，民警在二狗子的手机中，发现了这么几条搜索记录：

“和十四岁以下少女发生性关系违法吗？”

“和十四岁以下女生发生性关系是强奸吗？”

发现线索后，民警把这些浏览记录的细节打印出来放在二狗子面前，二狗子看到这些东西，最终放弃抵抗，承认在小花十四周岁前与其发生过性关系，而且不止一次。

如果不是这一案件放在我面前，我可能也不相信会有这么曲折的破案经过，但这就是案件告破的真实经过。

在案件事实查明、相关证据固定后，检察院以强奸罪和负有照护职责人员性侵罪两项罪名向法院对二狗子提起了公诉，要求对二狗子数罪并罚，建议判处有期徒刑十七年。

而我便是在这时候，以辩护律师的身份正式介入此案的。

我的任务和职责是为二狗子辩护。辩护的具体工作是，通过对案卷的详细翻看以及对二狗子本人进行会见，找到本案中事实或证据上存在的问题或漏洞，并发表相应的辩护意见。

这个案件在事实或证据上存在问题吗？

很遗憾的是，我必须说，在本案的一项关键证据上，公安机关在办案时，确实存在严重的程序问题。

哪里存在问题？

问题出在被害人小花流产物的鉴定程序上。

记得故事开头的时候我们提到，公安机关在提取相关流产物的时候并没有严格按照司法鉴定的流程进行，而是让医生做完手术后把部分样本留在袋子里，民警后续拿走鉴定。这严重违反了司法鉴定的程序要求，这份鉴定意见没有提取过程的说明，没有获得被告人、被害人确认，鉴定的检材和样本没有相应的取样来源说明，鉴定提起过程也不符合要求。所以在法庭辩论阶段，辩护人发表的辩护意见是，鉴于本案鉴定程序存在重大问题且无法补正，该份鉴定意见不能作为定罪量刑的依据。法庭应当在排除该份证据的基础上，对被告人定罪量刑。

讲到这里，有些朋友可能无法理解，觉得这个律师是不是良心被狗吃了，甚至无法接受律师提出这种辩护意见。为什么一定要对鉴定程序提出异议，难道小女孩还不够可怜吗？难道二狗子还不够可恶吗？反正鉴定结果证明小花怀的孩子就是二狗子的，结果没问题不就行了吗？律师就不能当作没看到这个程序问题，发表其他辩护意见吗？也许，这也是很多追求实质正义的朋友心中的想法。

你们觉得，辩护律师这个工作讨喜吗？一点也不。

那辩护律师的工作该做吗？必须做。

为什么？

有两个原因：

第一个原因，老生常谈，每个人都有得到辩护的权利。

根据我国刑事诉讼法第三十七条规定：辩护人的责任是根据事实和法律，提出犯罪嫌疑人、被告人无罪、罪轻或者减轻、免除其刑事责任的材料和意见，维护犯罪嫌疑人、被告人的诉讼权利和其他合法权益。

不管法律援助受援人二狗子在道德上是一个多么恶劣的人，法律援助律师在接受指派后，就应当认真负责完成自己的辩护职责，这是尊重法律、尊重程序、尊重律师职业的表现。既然接受了指派，该尽的义务和职责一定要尽，哪怕按照法律规定他该接受死刑的惩罚，我们也必须要保证他在死亡之前经历的法律程序是经得起考验和审视的；辩护律师既然看到了案件中存在的问题，就不能装作没看到。为被告人全力辩护，并不代表认同他们做过的事，而是希望所有人在法庭上都能得到公平公正的审判，这是控辩对抗制和法庭上设置辩护人席位的意义。

第二个原因，其实是我认为更重要、更有意义的原因。在这个案件中，律师把鉴定程序中存在的问题提出来，甚至把这个案件改写为普法故事，都可以起到一个作用，什么作用呢？让侦查机关的民警意识到他们的工作在程序上还有改进的空间，让他们后续能够尽量更完善、更严谨地办案，让固定下来的证据更加无懈可击，让司法审判更能不枉不纵。是，在这个案件里，即使最后法庭采纳了辩护律师的辩护意见，排除掉鉴定意见这份证据，对二狗子的定罪量刑也大概不会有决定性的影响，因为在案的其他证据依旧能够证明两罪成立。

但是，大家可以试想一下，如果在未来的某个案件里，因为检材不合格或鉴定程序不合法，固定下来的珍贵生物证据失去证明效力，导致案件关键证据灭失，不能及时固定，证据无法支撑对被告人的指控，法院不得不漏判或轻判，甚至将被告人无罪释放，大家会不会觉得更难过？我们必须要明白，程序正义保障的是所有人的安全感，我们不能因为个案的价值取向去破坏这份来之不易的安全感。

我们要尊重法律，在事实不清、证据不足的情况下不能判决任何人有罪，但这不妨碍我们的侦查机关在办案过程中更加严谨，让这种情况尽可能少一些，而律师起到的作用就是在这个过程中“挑刺”和监督。即使这种挑刺在大众视角看来很讨人厌，即使对被害人一方来说这种挑刺在情感上难以接受，甚至控辩双方针锋相对会带来个案中的冲突，但总体来看，这对司法大趋势来说绝对是有利无害的。通过个案推动司法公正更好实现，通过细节上的挑刺推动侦查机关和司法机关更严谨办案，法律职业共同体，不仅仅是一句空话，在某种意义上，我们在这个共同体中都有着各自的作用和使命。

我把这个案件的结果向大家披露一下，最终法院判决二狗子犯强奸罪、负有照护职责人员性侵罪，处有期徒刑十五年。二狗子当庭表示上诉，后二审裁定维持一审判决，文书生效，送监狱执行。这个案件讲到这里，也就告一段落。

最后，我们必须要讲的是，未成年人保护依旧还有很长的一段路要走，要把这段路走好走正，不仅需要立法部门参与，教育、司法、家庭、社会等各方都应当贡献自己的力量，这并不是一件小事，也不是一件容易的事，但这是我们必须做的事情，也是我们必须坚持去做的事情。

事实上，我并非这起案件的具体承办人，该案件的承办律师坚持不愿意显名，所以我们只好暂以X律师作为她的代号。X律师希望我能在不泄露案件隐私的前提下进行改写，以我本人的口吻和角度对这个案件进行分析和外延，对相应法律、政策、制度进行宣扬，让读者朋友更加了解未成年人保护，甚至积极参与到未成年人保护工作中来。她说，这个案件的分享能引起哪怕一个人对于未成年人保护工作的一点点重视，就足够了。

特此说明。

# 平凡之路

最后一个故事，不再是办案故事。

我想找个地方，聊点之前一直没机会聊的话题。

几年前的冬天，新冠病毒肆虐的季节，我待在湿冷的杭州，盘算着如何推进手头的在办案件，掐点预约核酸检测，唯恐超过时效被看守所拒绝入内。案件办起来十分艰难，尤其是跨市、跨省的案件。

回想起来，那几年大家都不容易，好在我们都挺过来了。

案件推不动，出差出不去，人不能闲着，总要找点事干。都说晴耕雨读，难得腾出大段时间，终于有机会把那些早就想读的书拿来读一读了。

书确实读了不少，但胸口堵着的石头一点没减轻。压抑的心情不能仅归责于工作进度不理想或生活氛围压抑，更重要的原因是，人希望自己被需要，人都有表达欲。

换句话说，情绪需要出口，人需要对话。

找谁说呢？朋友？亲人？那几年本身就提倡少出门，不聚集。更何况，朋友偶尔充当一次树洞已经实属不易，你总不能一直把朋友当情绪马桶对待，这么搞下去，会没朋友的。

开个玩笑。

兜兜转转，我瞄上了自媒体。

在这之前，工作之余，我本就爱瞎写些东西。随笔胡诌些许酸文假醋，放到社交媒体上，不起眼的几年过去，竟然也积累了万余粉丝。我本想把账号捡起来继续用，但那个文字社区的活跃度早已大不如从前，写完的东西都好似石沉大海，激不起几朵浪花。网友的注意力大多放在更受欢迎的视频内容上，手机滑开，就是傻乐。

什么？你问我为什么这么清楚？因为我也是对着视频傻乐的网友之一。

踌躇蛮久后，我终于下定决心，直面镜头，通过视频这一媒介形式，满足自己的表达欲。说人话，那就是我也要开始拍视频啦。

我深知自己“退堂鼓表演艺术家”的德行，为了防止自己只有三分钟热度，在正式开始前，我拼命把这事的沉没成本尽可能拔高。相机，拣贵的买；麦克风，要进口的；我甚至斥巨资专门买了一台配置极高的电脑，美其名曰，用来剪视频。急赤白脸一通消费，银行卡余额肉眼可见变少。我告诉自己：伙计，这一大票钱可是花出去了，在没把本钱挣回来前，你可不许摆烂。

有人说，在人最恐惧的事情当中，死亡只能排在第二位，排在第一位的，是当众讲话。

我从来没有对一句话体会如此深刻过。

没人知道，那个冬季的下午，我深呼吸过多少次，才敢打开黑洞洞的镜头。万事开头难。

我创作的视频内容有了一些互动，这些评论、点赞、弹幕让我意识到，我的内容被平台算法分发到了一个个真实的人面前。他们可以第一时间对内容做出反馈和点评，向内容生产者（也就是我）表达他们的真实感受。

这种真实互动带来的强刺激，让我的表达欲得到极大的满足，我总算能消解一些生活带来的虚无感。

这样的状态持续了半年。人的阈值总是会慢慢升高的。视频的创作周期太长，相应的互动和反馈也来得不够及时。我开始考虑，要不要尝试更直接、更快速的内容生产方式和互动渠道？说人话，那就是我在考虑，要不要尝试直播。

刚开始的直播没什么内容，无非就是与直播间的观众通过弹幕闲聊，消磨时间的同时，确实充分满足了我那压抑已久的表达欲。

Well begun is half done.（好的开始就是成功的一半。）

我很开心，我没有想象中那么抗拒直播。忙完工作后，我总是会在周末抽出那么一两个小时，进入直播间，找天南海北的网友侃大山。日子有一搭没一搭地过着，直到有一天，一个网友在直播间问出一句话：韩律师，可以向你咨询法律问题吗?

直播间里，有一个“与主播连麦”功能，她申请后，我解答了她的法律问题。这是我通过直播连麦解答的第一个法律咨询。

说实话，我已经忘记这位网友的昵称，更记不起她到底问了什么法律问题，但从此开始，我直播间的连麦功能一直开放，我也把通过直播间连麦解答法律咨询这件事，做到了现在。

办案，出差，写作，直播。

时间过得飞快，我的生活有条不紊。账号有了数万粉丝，直播间也攒下一二百号忠实观众。我很满意这种生活节奏，幸福恬淡又不温不火。

我将直播间解答法律咨询的素材剪辑后发布，希望后续遇到相同问题的网友能从这些稍显粗糙的内容中受益。在内容的选择与发布上，我尽可能覆盖基层群众生活中常见的法律难题，哪怕有一些话题并不受平台算法青睐。只要能帮到人就好，我心想。

又过去不知多久。时间又快又慢，白天黑夜转换。

意外总是会来，或早或晚，或好或坏。

炎热的夏季，意外的曝光。

我的账号在不到两周时间，增加了上百万粉丝。我那些通过直播间连麦解答法律咨询的二创内容，成为各大营销号争相剪辑的素材。

突如其来，铺天盖地。

可怕，令人恐惧。

那段时间，我甚至焦虑到难以入睡。

我做出了迄今为止我仍认为非常正确的决定，断更停播，避避风头，直到这股没来由的热度降温。

沉寂了快两个月，我终于敢试探性地恢复更新与直播。

我至今仍不确定，这个插曲对我的生活来说到底是好是坏。很多规划被打乱了，很多东西被破坏了。但从社会价值层面来看，我的内容能被更多人看到，我能为更多人提供帮助，确实是一件好事。

我开始珍视这个机会，不管怎样，总该把手头的事做好。还是老样子，还是原来的我，按部就班，办案，直播，解答咨询。我的内容被越来越多的人看到，我的后台私信、弹幕里也不断有人发来反馈，全国各地的人，各行各业的朋友，从我的普法内容中获得了帮助。

岁月总以我意识不到的方式流逝，一年又一年。

当我有机会坐下喘口气盘算时，我才意识到，数百万的关注人数，好几亿的播放量，保守估计，我这张脸已经有了千万以上的触达人数。

我时常在想，这些数据代表着什么？或者说，这些数据后面隐藏或包含了什么？

我抽出时间，放空自己，也把过去几年走过的路，仔细捋了捋。

经过统计，我的账号已发布的近三百个视频稿件及更多未能一一发布出来的数千次连麦咨询里，主要涵盖以下领域的法律科普内容：

一、反诈骗宣传类（包括但不限于情感“杀猪盘”诈骗、机票退改签诈骗、裸聊诈骗、“约炮”诈骗、仙人跳诈骗、二手交易平台租房诈骗，诈骗的基本逻辑、通用手法及根本原因，诈骗产业的上下游链路拆解）。

二、诉讼程序类（民事检察监督的申请途径和相应作用，如何核查自己委托的律师身份是否真实，刑事案件的管辖权确定以及权利行使受阻时的救济途径，数种民事案件的管辖权确定依据，涉及人身关系时的执行问题，民事诉讼中当事人死亡的问题等），以及大量看似属于法律程序问题，其实并非法律系统能解决的问题的相应解决指引。

三、法律实务类，这部分内容太多，无法一一列举。

各类刑事罪名，比如诈骗罪，组织考试作弊罪，传播淫秽物品牟利罪，帮助信息网络犯罪活动罪，职务侵占罪，受贿罪，非国家工作人员受贿罪，非法持有枪支罪，强奸罪，侵犯著作权罪，盗窃罪，掩饰、隐瞒犯罪所得罪，开设赌场罪，赌博罪，拒不执行判决、裁定罪，强制猥亵罪，敲诈勒索罪，合同诈骗罪，组织卖淫罪，协助组织卖淫罪，介绍卖淫罪，贷款诈骗罪，贩卖毒品罪，危险驾驶罪，交通肇事罪，侵犯公民个人信息罪，走私淫秽物品罪，走私普通货物、物品罪，组织淫秽表演罪，伪造、变造、买卖国家机关公文、证件、印章罪……这些是我能想起来的解答过或是有据可查的罪名，可能还有一些遗漏。

还有各类常见民事纠纷的法律咨询。例如，民间借贷、婚约财产、遗产继承、不当得利、婚介服务、赠与、婚内财产分割、离婚后财产分割、抚养赡养、宠物寄养、名誉侵权、物业服务、劳动争议、侵权责任等等，基本涵盖了群众在生活中能遇到的绝大部分纠纷种类。

还有部分不属于诉讼程序但对咨询人很重要的问题，比如户口登记、政审标准、涉罪的犯罪成本、治安违法的代价、涉毒人员的管理、公证的程序和作用等等。

说实话，我也是直到此刻才意识到，在过去的几年里，那数百个与网友互相陪伴的夜晚，我们竟然一起完成了这么多看似不起眼（当然，实际可能也不起眼），但对我来说仍旧是十分了不起的事情。小时候，家里老人经常跟我说“眼是懒蛋，手是好汉”，在这一刻，我对这句话有了更深刻的理解。

如果，我是说如果，按照我那苍白又匮乏的自媒体常识和捉襟见肘的统计学技巧进行分析，结合各视频后台反馈给我的各项数据，我大概了解到我的视频总体完整播放率在百分之四十以上，谨慎起见，我决定将这一数字打个对折，挤掉其中的水分，就低取值百分之二十，结合后台显示的全网播放量六亿人次以上，就可以得出一个不太严谨的结论，我的视频内容至少被完整播放过一点二亿人次。

这真是一个恐怖的数字。

当然，我知道，有很多粉丝和观众贡献了不止一次的播放量，所以，我要进一步去重。因为缺乏有效统计手段，我只能按照毫无逻辑、毫无依据、仅凭直觉的统计比例，就低认定，一点二亿人次的百分之十，也就是一千二百万人次，是我的视频内容有效触达的人群总量。

推算到这一步，我姑且可以非常不负责任地讲，我的法律科普内容，已经有了千万级以上的人群受众。当然，这个数字是非常不严谨的，真实的数字可能比这个更多，也可能比这个更少，但我能力有限，真的没办法准确测算。

再继续往下推算。

假设，在这一千二百万人里，有百分之一到百分之十的人，我的法律科普对他们的生活起到了正向的促进作用，也就是说，我的普法内容真的帮到了他们。朋友们，请你们跟我一起算出这个数字，有多少人?

十二万到一百二十万人。

你们知道老韩是个谨慎的人，我不会自吹自擂到真的会认为有这么多人，按照我的习性，还是就低认定，也就是取值十二万人。

到这一步，就结束了吗？没有，我觉得这个数字还是不够严谨，但我又不知道该找什么理由，怎么继续往下降。所以我决定，毫无理由、毫无依据地给这个数据再打个对折，也就是十二万的百分之五十——六万人。

到这一步，我觉得可以了。

从六亿播放量到六万人，我觉得这个数字应该是经得起考验的。

也就是说，根据我们不负责任的推算结果来看，至少有六万人被老韩的普法内容直接帮助到，注意，是直接起到作用的帮助，是在遇到具体的法律事务或法律纠纷时，我的存在让他们能够更好地应对。不管是反诈宣传内容让他们及时保护了自己的财产，还是诉讼程序上提供的指引让他们提高了效率或节省了时间，抑或是在即将面临刑事风险时想到老韩的提醒而及时收手，没有走上犯罪的道路。不管怎样，我终究是起到了作用。

朋友们，我不想骄傲，但这实在是一个令人骄傲的数据，所以请你们容许我骄傲一会儿。在这一刻，我不单自己骄傲，我还想让你们跟我一起骄傲，为我骄傲。

六万多人，这是一个多么恐怖的数字。如果换算到线下，哪怕我每天上午、下午各接待一个人，把这些人见完，也要花去我三万天——大约八十二年的时间。我不得不承认，这也许就是互联网的价值，让你我能帮到的人数呈几何级数增长。生在这个时代，能帮到一些人，这是我的幸运。

平心而论，这世间还是有很多不如意。在那些不直播的日子里，在那些案件结果不理想、遭遇不公对待的情形里，我时常会怀疑自己这份工作的价值，甚至于自己存在的价值。我常常反复拷问自己的内心，我的存在真的有让别人的生活变好吗？我的工作或付出是有价值的吗？我存在抑或是不存在，对这个世界来讲，真的会有微不足道，哪怕一丁点但依旧很重要的区别吗？

也许，这个答案是肯定的，至少在这一刻，我相信我的答案，这就够了。不是有人说过吗，人这一辈子，也就活那么几个瞬间。

无论如何，我终于开始确信，我应该是真的为社会主义法治建设事业做了一点点微不足道的贡献，想到这些，我便不自觉自豪起来。也许会有人觉得我讲的这些话假大空、起高调，我不在乎别人怎么看，只要我心里知道，我确确实实帮到了许多人就好，只要我心里明白，我做的这些事是有价值的。

自我拷问是一场漫长且煎熬的马拉松，对我而言，这场马拉松似乎永远看不到终点。好在，途中的这些正反馈足以支撑我一直向终点前进，哪怕配速慢一些。

上面这些，算是对过去几年里，老韩法律科普在社会价值层面的粗糙总结，但这远不是结束。

我注意到，越来越多的基层群众在面临纠纷时，愿意主动寻求法律帮助，希望能通过法律途径解决争议，这是法律具有公信力的体现，也是人民群众对国家法治体系的认可。越来越多的人，愿意主动学法、讲法、用法，遵循法律的价值指引，这无疑是一件好事。

回忆过去数千次连麦咨询，印象最深的，是某天晚上的一次直播连麦咨询。

屏幕对面的姑娘，在连麦接通后，问出了一句让我始料未及的话。

“如果我杀了我小姨，会影响我父亲的工作吗？”

我蒙住了。

直觉和经验告诉我，这个问题背后的含义绝不像这句话听起来那么简单，问题之下，肯定还隐藏着更沉重的东西。

我能感受到她的压抑与痛苦，也能接收到她渴望倾诉的信号。可话筒另一侧的女性，并没有展开详聊的意思。

我知道，从这一刻起，我不能把这起求助当成简单的法律咨询。我必须搞清楚对方发生了什么。

我问她，为什么要杀小姨呢？

过分信任的天赋，并不是谁都具备的。几千人同时在线的直播间，对一个互联网素人来说，袒露伤口是一件非常危险的事。讲错一句话，也许就会带来海啸般汹涌的恶意。

也许是出于自我保护，对方并不愿接茬儿往下聊，我能感受到她内心的求助信号，她很想开口表达，她只是不知该如何开口。

既然你不向我走来，那我便向你走去。

我故作轻松，试图卸下对方身上的戒备。我告诉她，反正你都已经做出决定，这世间没有什么能牵绊你，不妨在此浪费五分钟，讲讲对方为什么该死。

沉默，大段的沉默。

对方终于开口了。

愿意开口讲话就好，有话题就有切入点，有切入点也许就能化解心结。

姑娘的母亲早逝，父亲在远方重组家庭，几乎很少来往。外婆将其带大，含辛茹苦。姑娘三十有余，未婚未育，日常工作之余，多数精力都用来照顾已届鲐背之年的外婆。生活波澜不惊，却温馨幸福。

熟悉故事发展结构的朋友们都知道，意外总会出现。

不久前，移民海外三十几年、鲜有交集的小姨突然回来了。外婆的小屋挤不下太多人，姑娘只好腾出位置，搬回自己的房子，到日常下班时间，再去给外婆做饭。

小姨经历多年异国生活，生活习性异于他人。晚上不睡，白天不起，垃圾不收，衣服不洗。毫无疑问，这些杂活都要丢给溺爱小女的外婆来做。外婆被小姨折腾得鸡犬不宁，却又照单全收。

姑娘看在眼里，心疼外婆，却又难以置喙。老母亲宠溺年龄最小的女儿，自己作为孙辈，又有什么话可说呢?

如果仅是如此，骆驼倒也不会被压死，直到最后一根稻草出现。

某天，外婆在帮小姨晾晒衣服时，不慎滑倒，躺在阳台上无力起身。小姨虽在家里，却完全没注意到老母亲的困境，在长达几小时的时间里，放任外婆躺倒在地板上。最后竟是物业公司上门救助，才将老人送进医院。

年近九十的老人，发生这种意外，不啻鬼门关走了一遭。好在，经医院检查后，老人没什么大碍。

姑娘压抑已久的怒气和委屈终于爆发了。

她认为如果继续放任小姨如此折磨外婆，外婆迟早要被活活熬死，她希望以自己的牺牲，带走小姨，换取外婆老年生活的安宁。

故事很长，她讲了很久，语言组织和逻辑梳理不是很利索，夹杂着大量的情绪宣泄，而我少见地几乎没有打断她。

我知道，她压抑太久了，她需要这么一个合适的情绪宣泄口。

待她平复后，我感受到，她的情绪比刚开始好了很多。我意识到，这起咨询的处置方式没什么大问题，接下来要做的是找到病灶，帮她打开心结。

我告诉她，首先，如果你杀了小姨，外婆在如此高龄下，需要同时承受失去女儿与外孙女的噩耗，对老人来说，这种冲击也许会是致命的；其次，你在实施犯罪行为后，大概率会被处以死刑或无期徒刑，作为最在意外婆的后辈，你必须意识到，也许再没有一个如此让人放心的人，能给外婆养老送终；最后，小姨在海外生活三十余年，丈夫和子女都在异国他乡，从逻辑上推断，她不太可能在外婆家停留太久，迟早有一天，她会回到那个她更熟悉的地方，也许再等等，这一切就都能迎刃而解。

对面沉默了一会儿。

“谢谢你，谢谢你帮我扫清了心理盲区，我确实没考虑过这些。”

我紧绷的脸上终于有了松弛的笑容。

直播间里的求助，常常五花八门，各行其道。为了能给网友们尽可能提供有效的建议或处置方式，我在复盘求助内容时，逼迫自己去学各行各业那些天马行空的知识，哪怕我并不感兴趣，哪怕这些知识我在办案时永远不可能用到。

但至少在这里，他们需要我的帮助。

我深知，法律并不能调整所有社会关系，法律也没办法解决生活中的所有难题。

何况，我只是一名普通的青年律师，一名平凡得不能再平凡的小律师。我哪有能力去解决所有向我伸出手的求助呢？可那些求助，我又必须面对，我忍不住不去面对。

在面对那些解决不了的求助时，我能做的，也许只有耐心倾听，给对面些许情绪价值。

如同医学界流传的那句话一般：有时治愈，常常帮助，总是安慰。

律师又何尝不是这样？

这就是最后一个故事。

一名普通青年律师的平凡普法故事。

# 后　记

这本书写得并不容易。

从出版合同签订，到初稿写就，拉锯了一年多。事实上，截至初稿完成那一刻，我还在犹豫，还在纠结，真的要走出这一步吗？

自我怀疑是内心永恒的敌人。

我不止一次反问过自己，这些办案故事真的会有人去看吗？相比于历史上那些大人物波澜壮阔的故事，这本由小人物书写，发生在小人物身上的故事，真的有必要被记录吗?

我始终找不到答案。

内心敏感的人，总是考虑太多，即使多想并无益处。很多事是做出来的，不是想出来的。可是，说服自己的过程，并不那么理所当然。

直到有一天，我突然完成了自我说服。

我的脑海里，没来由地突然响起一句话。

“小人物也有记录和被记录的权利。”

对啊，说得没错。

历史是由千万个如你我一般的小人物组成的，我们虽不起眼，却不可或缺。宏观的大势太过遥远，微观的悲欢离合，才是我们小人物的日常。

鲁迅先生曾讲:“无穷的远方，无数的人们，都和我有关。”

于是有了这本书。

一本由小人物书写，来自小人物的故事，献给同属小人物的你我。

这十二个故事，有些是新故事，跟大家第一次相见；有些是老故事，或许有朋友曾听我以其他形式讲述过。借此机会，我把它们整理在一起，交与拿到这本书的新老朋友。

我珍惜这个记录的机会，自认已经拿出全部真诚。哪怕这本书卖得不好，哪怕这本书被人批评，至少对当下的我来说，我已经尽力，我只能做到这种程度了。

写书并不容易，陪我写书更难。感谢身边人的陪伴，感谢生活中存在的可爱猫咪。还要感谢我的编辑李娜女士，感谢她一如既往的鼓励和包容，某种程度上，这本书也算是她的作品。

需要强调的是，为了保护相关人员隐私，书中所出现的地名、人名皆为化名。

还有很多故事，交织着血与泪、苦与甜、辛酸与快乐，出于各种各样的原因，无法在这本书中一一道来。如果有机会，如果有缘分，让我当面讲给你听吧。